KB263928

죽지 않는 시인의 영화

죽지 않는 시인의 영화

•일러두기
이 책에서 영화명은〈 〉로, 잡지와 도서명은『 』로표기했다.
영화의 간략한 정보는 아래의 순서로 넣었다
제목 원제 제작년도 등급 런닝타임
감독 시나리오 배우

# 죽지 않는 시인의 영화

강 정

불란서책방

죽지 않는 시인의 영화

초판 발행일 2025.11.10

지은이  강정
드로잉  강정
펴낸곳  불란서책방
출판등록  2019-000015호
주소  경기도 고양시 일산동구 호수로336
전자우편  bookfest@naver.com
팩스  0504-266-3516
인스타그램  @bulanseo_insta

ISBN  979-11-995125-2-8(03680)

# 영화 보다 낯선 영화들

서문

영화는 처음 어둠에서 탄생했다. 물론, 1895년 12월 28일 프랑스 파리에서 뤼미에르 형제가 처음 상영한 것이 최초의 영화로 기록되어 있다. (공교롭게도 '뤼미에르 Lumière'는 '빛'을 뜻한다). 그들은 세상이라는 어두운 벽면에 새로운 문명의 빛을 쏘았다고도 할 수 있다. 정확히 130년 전이다.

그러나 내가 말하고자 하는 바는 단순한 역사적 사실만이 아니다. 영화는 본래 어둠 속에 빛을 비추는 것으로 시작한다. 영화관에서 볼 수 있는 모든 영화가 지금도 그렇다. 영화 감상의 태도 및 생태계를 전면적으로 바꾸어 놓은 OTT 채널 등은 그렇지 않다고?

어떤 물리적 조명照明의 유무를 말하고자 하는 게 아니

다. 일종의 비유나 상징으로 여겨도 된다. 또는 그런 식으로밖에 말할 수 없는 내 고집을 투사하는 것이라 봐도 부인하지 않겠다. 단지, 내게 영화란 어둠을 먹고 사는 물질적 환영이라는 사실만 강조하고 싶다.

나는 영화 평론가도 아니고, 영화 종사자도 아니다. 그저, 오랫동안 시를 쓰고 때로 노래를 만들어 부르는, 영화와는 아주 가까울 수도 있고, 때론 상반되거나 빗나갈 수도 있는 예술적 지향을 지닌 사람일 뿐이다. 자신을 스스로 '어떠어떠한 사람'이라 규정하는 건 지나친 자기 비하나 자기 치장에 가까울 것이나, 내가 종종 이 세상의 중심에서 어느 정도 엇나간 위치에서 세계를 바라보는 사람이라는 느낌은 부인할 수 없을 것 같다. 이 책은 그 '엇나간 시선'으로 바라본 영화 모음집이자, 그 '엇나감'의 세계관으로 만들어진 영화들에 대한 감상이라 해도 무방하다.

영화보다, 드라마보다 흥미진진하고 황당무계한 일들이 실제로 벌어지는 현실이다. 딱히 요즘만 그런 것도 아니라는 생각이다. 과거에나 지금이나 인간이 살아가는 세상은 소위 '상식과 표준'이라는 것 자체를 오도하고 호도하는 일들로 점철되어 있다. 그래서 되레 '상식과 표준'의 본질을 따져 묻게 되는 경우가 있는데, 그 '상식과 표준’ 자체가 때론 인간을 억압하고, 눈 귀를 가리며, 사지를 친친 감아 버리기도 한다. 영화는 그 이상한 현실의 역설을 역상으로 되비추는 거름판과도 같다. 그래서 생각해 보는바, 영화는 오히려 더 현실보다 낯설고 고유한 방식으로 존재함으로써 현실이 가려버리는 어떤 흑막(?)들을 거꾸로 보여줘야 하지 않을까 싶다. 이 책에서 언급되는 영화들은 그런 기준으로 내게 포착된 작품들이다.

반복건대, 영화는 어둠에서 처음 탄생했다. 그 ‘어둠’은 현실이 감추고 있거나 진짜 현실을 숨기고 있는 베일과 같다. 누가 조작했는지, 혹은 어떻게 사람의 눈 귀를 가리면서 허상의 빛에 홀리도록 만들었는지를 새삼 따지는 건 별로 유효하지 않을 것이다. 다만, 세상에도, 그리고 누군가의 마음속에도 ‘어둠’은 항상 존재한다는 근본 사실만 따져본다. 시공 포괄하여 세계는 어둠 속에서 작동한다. 삶과 세계의 이면과 후면이 모두 쉬이 판별할 수 없는 어둠 속인지도 모른다. 거기에 누군가 총을 쏘듯 빛을 쏜다. 현실에서 떼어낸 듯 여겨지는 어떤 형상과 소리와 이야기들이 허공에서 빛의 너울로 일렁인다. 현실을 투영했다는 그것으로 오히려 현실을 뒤바꿀 수도 있지 않을까. 하는 게 내가 영화를 감상하는 기본이다. 내게 영화는 망상의 거울과도 같다. 그러니까 그것은 나의 현실이기도, 나의 꿈이기도 하다. 그 모든 사념을 배반하는 심정으로 독자들은 이 책을 받아들이든, 거부하든 하시라.

　진짜인지 가짜인지 모를 총 한 자루를 건네는 기분이다. 탄창엔 총알이 단 한 발 남았을 수도, 꽉 차 있을 수도 있다. 방아쇠를 당기면 진짜 죽을 수도, 다시 살 수도 있다. 죽든 살든, 새삼 현실도 영화도 더없이 낯설어진다면 이 책은 그나마 효능 있는 물건으로 누군가에게 남을 것이다.

　2022년부터 2024년까지 영화 웹진 씨네플레이에 연재한 것들 일부를 모았다. 2024년에 출간한 『미치고, 지치고, 홀린』(마름모)의 '짝패'라 할 수 있다. 오랜 기간 연재 지면을 준 씨네플레이에 깊이 감사드린다.

2025년 10월
강정

# 차례

# 거울은 무얼 먹고 투명해지는가

거울

Zerkalo

얼마 전에 꾼 꿈 얘기다. 그리고 오래전부터 좋아하면서 그 꿈 때문에 다시 보게 된 영화에 관한 얘기이기도 하다.

어머니 모습이 지금보다 50년은 젊어 보였다. 어머니이기도, 아니기도 한 여인이었다. 어머니라는 걸 어떻게 인지하게 됐는지는 세상에 늘 존재하나 부러 되새기려 하지 않는 새삼스런 신비와도 같다. 그 여인이 왠지 모르게 수줍어하며 내게 책을 한 권 추천해달라 그랬다. 아주 끔찍한 범죄 장면이 나오는 소설이면 좋겠다고 하더라. 왜 이럴까, 잠깐 생각하다가 박완서의 소설을 추천했다. 내가 아는 한, 박완서 소설 중 끔찍한 범죄 장면이 나오는 작품은 없다. 가족이나 인간관계의 섬뜩함은 자주 묘사했다. 끔찍한 소설을 요구하면서 수줍게 말 거는 여인의 표정은 숫기 없음과 대범함이 뒤엉킨 기묘한 형상이었다. 안드레이 타르코프스키는 자서전에서 "호감과 혐오감을 동시에 불러일으키는 얼굴"이 좋은 배우의 얼굴이라 쓴 적 있다. 이런 얼굴이 바로 그런 얼굴인가 싶었다.

## 세상은 새삼스런 신비의 보고

갑자기 왜 그러냐고 물었다. 여인은 역시 수줍어하며 오랜 비밀 하나를 털어놓았다. 자신에게 숨겨둔 친구, 나이가 서른 살 정도 어린 친구가 있는데, 책을 엄청 많이 읽는다고 했다. 그래서 대화가 잘 안 통해 답답했다고 그러더라. 친구에게 잘 보이고 싶기도 하다더라. 어떤 친구냐고 물었다. 그냥 착하고 예쁜 여성이라며 남편(내 아버지?)에겐 비밀이라고 했다. 불현듯 내 아버지와 어머니, 그리고 내 모습이 동시에 떠올랐다. 이상하게 아버지 얼굴은 불분명했다. 어머니 얼굴은 확실하되, 나도 태어나기 전의 모습이라 내가 그 얼굴을 분명히 기억할 수는 없는 노릇. 무슨 근거로 그 여인이 내 어머니라 확신하는가. 꿈은 늘 서너 겹이다. 시간도 공간도 일상의 처마 언저리에 멋대로 세놓은 까치집처럼 분명하되 혼몽하다.

박완서 소설집을 옆구리에 끼고 어머니이기도 아니기도 한 여인이 한 여성과 나란히 걷고 있었다. 나는 어디인지 모를 창가에서 몰래 훔쳐봤다. 사각 틀이고, 현격한 거리감과 동시에 손대면 바로 풍경의 질감이 만져질 듯한 일체감이 드는 어느 공간이다. 내 의식의 거푸집일 수도, 임의로 각을 떠 심리적 이격을 부각해낸 엉터리 경계일 수도 있다. 박완서 소설엔 끔찍한 범죄 장면이 안 나온다는 걸 들킬까 봐 살짝 조마조마한 상태였던 것 같다. 두 여성이 어느 숲길을 오래 걷다가 낡은 목조주택으로 들어갔다. 여전히 창가에서 그들을 좇았는데, 움직이는 건 그녀들이 아니라 창틀이라는 느낌이 들었다. 움직이는 창이라니. 어쩌면 나는 의심과 호기심, 열망과 좌절을 동시에 함축한 카메라를 들고 있었던 건지도 모른다. 카메라는 무엇인가. 풍경과 사물과 사람의 모습을 기계적으로 재생시키는, 사람 눈의 기계적 후예 아닌가. 그리고 눈은 무엇인가. 사물의 현존과 명암을 뇌로 전달해 판단하고 말하고 감정까지 도발하는 우주적 원자의 아주 미진한 파동과 빛의 장난, 그 반사체 아니던가.

목조주택 안은 어두웠으나 이내 커다란 창가가 나타나며 햇빛이 넓게 번졌다. 두 여성은 나무 테이블에 앉아 지긋이 서로를 바라보기만 했다. 젊은 여성을 자세히 봤다. 사진에서만 본 20대 때 어머니 얼굴이었다. 마주보고 있는 여인(어머니)은 갑자기 다시 50년을 더 늙어 현재의 모습에 가까워졌다. 햇빛이 건물 안으로 강하게 투

과돼 무슨 나무 옹이 같은 걸 흑점 삼아 집을 불 지르기 시작했다. 두 여성은 그래도 지긋이 마주 보며 웃고만 있었다. 꿈속임에도 영화 한 편이 분명하게 떠올랐다. 안드레이 타르코프스키 감독의 <거울>(1974).

## 영화는 거울 속의 거울과도 같다

20여 년 전 처음 본 이후에도 삶이 혼몽스럽고 일상의 어떤 근원 지점이 부실하게 무너져 내리고 있다고 여겨질 때 여러 번 되새겨 본 영화이다. 제목마따나 '거울'을 들여다보듯 꼼꼼히 훑어보게 되는데, 딱히 영화가 난해하고 시공이 오묘하게 뒤섞인 까닭만은 아니다. <거울>을 보다 보면 나 자신 한 사람의 관람자가 아니라 그 안에서 움직이고 소리 내고 아파하는 인물 중 하나로 변신한 듯한 기분이 든다. 이를테면 거울 속으로 들어가 거울 밖의 나를 지긋이 바라보게 되는 것이다. 인물들은 뜨겁게 자신 안의 뭔가를 당장이라도 불사를 듯 보이나 이편으로 전해오는 물리적 진동은 매우 고요하다. 너무 고요해서 더 뜨겁고 더 열렬하게 마음속의 뭔가를 비틀고 되묻는 느낌을 준다. 그래서 장면 하나하나가 그 자체로 활성 강력한 미지의 그림처럼 또렷이 남는다. 그건 어느 날 밤 꾼 꿈이 이후 무시로 뇌리에 떠올라 생시와 꿈의 경계를 뿌옇게 지워버리는 상태와 닮았다.

영화를 보는 행위가 꿈꾸는 것과 흡사하다는 사실을 이처럼 표일하게 드러내는 감독도 드물 것이다. 꿈인 만큼 그것은 개인의 내밀한 기억과 욕망과 슬픔을 빛과 소리를 잉걸 삼아 만인 공통의 심리적 근원으로 불 밝혀낸다. 거울 속으로 들어간다는 건 그런 의미다. 거울은 고요한 평면이나 그 안엔 온갖 시간과 사물과 사람의 잔영들로 요란스럽다. '사랑'을 비추면 '증오'가 튀어나오기도 하고, '슬픔'을 던지면 '욕망'이 반사되기도 한다. 그렇게 마음을 들쑤시다가 다시 바라보면 여전히 고요하다. 혼돈과 착오와 착종 뒤에 맞이하는 고요는 그러므로 마냥 고요하지만은 않은 것이다.

여러 장면이 무시로 뇌리에서 재편집되는 영화이기도 하다. 어느 씬을 붙들어도 소리의 묵직한 뿌리와 빛의 따가운 살이 관자놀이를 쿡쿡 찌르는 느낌을 준다. 그중에서도 전쟁터에 나간 남편을 기다리는 여인(어머니)의 집 헛간이 불타는 장면이 유독 오래 떠돈다. 비가 추적추적 내리고 나무와 풀들이 치솟는 불길만큼이나 맹렬히 살아 있는 화면. 소위, 4원소(불, 물, 공기, 흙)가 원액 그래도 한 프레임 안에서 뒤섞이는 셈인데, 나무와 풀과 사람은 그때 가장 분명한 생명이되, 당장이라도 불길 속에 휘말려 전 존재를 말살당할지도 모를 긴장 속에 고요히 서 있다.

이 장면을 몇 번씩 되새기고 곱씹게 만든 심사가 정확히 무엇인지는 나도 잘 알 수 없다. 어머니와 독서를 좋아하는 그녀의 어린 친구(이자 어머니 자신)가 등장한 꿈속에서 나는 제3자이자 방관자였다. 그럼에도 마음속 깊은 서까래가 무너지는 듯한 슬픔과 그로 인한 가슴 저림은 왜였을까. 어머니를 한 명의 여성으로 제대로 이해하지 못했다는 자책 같은 게 제 발 저리듯 느껴졌다고 말하고 싶진 않다. 그랬다면 그건 나 스스로도 알 수 없는 나 자신의 아픔 같은 걸 전가하기 위한 마음의 허영이었는지 모른다. 다만, 그 불투명한 아픔 자체에 몰두해 더 아파보기로 했을 뿐, 10여 년 전 이 장면에서 포획한 이미지를 가지고 노래를 만들어 한동안 부르고 다녔던 것도 그런 심사였을 거다.

## 삶의 섭리라는 단순성, 그 아름다운 잔혹

꿈의 마지막은 이랬다. 두 여성이 불길 속으로 잠긴다. 불의 정확히 모습은 잘 보이지 않았으나, 검게 탄 천장에서 재가 된 나무들이 비처럼 쏟아졌다. 처음 꾸는 꿈이지만, 그 꿈이 이미 실제로 존재했었다는 착종을 더 내밀한 착종으로 쪼개서 다시 꿰면 미래도 현재도 과거에 이미 존재했던 현재의 미래로 순환하게 되지는 않을까. 어머니는 어쩌면 시간의 엄청난 하중을 뚫고 이미 20살 이전의 소녀로 돌아가 새로운 꿈을 꾸고 있는지 모른다. 물론 어머니 스스로 그걸 느끼지도 깨닫지도 못하더라도 우주는 그렇게 다시 한 사람을 여러 사람으로 쪼개 만방에 존재하게 한다. 어머니가 읽은 어머니만의 박완서 소설엔 끔찍한 범죄 장면이 분명히 있을 것이다. 그리고 그 끔찍함은 흔히 알고 있는 세계의 잔인함을 뜻하는 게 아닐 것이다. 존재 자체의 찬연한 슬픔과 아픔이 삶의 기본 섭리에 불과할 뿐이라는, 그 지나친 단순성의 잔혹. 세상 모든 아름다움은 그걸 먹고 자란다.

**거울** Zerkalo(The Mirror) 1975/NR/1h 47m
**Director** Andrei Tarkovsky
**Writers** Aleksandr Misharin·Andrei Tarkovsky·Arseniy Tarkovskiy
**Stars** Margarita Terekhova·Filipp Yankovskiy·Ignat Daniltsev

# 소년은 어떻게 아저씨가 되는가,
# 아니, 되어야 하는가

허공에의 질주

Running on Empty

이름은 물론, 머리카락 색과 눈빛, 거처마저 수시로 옮겨 다녀야만 하는 삶은 과연 어떤 걸까. 어떤 이에게 부득이 죄를 저질렀지만, 스스로는 그게 대의고 명분이고 공공선을 위한 행동이었다는 확신 아래 쫓겨 다니는 삶이라면? 더욱이 그게 자신의 선택 아닌 부모의 처지에 의해 불가피해진 삶의 방식이라면? 태어나자마자 그렇게 살아야 할 운명에 처해있다면?

## 당당하게(?) 쫓기는 부부와 그들의 아들

시드니 루멧 감독의 <허공에의 질주>(1988)는 고故 리버 피닉스의 대표작 중 하나다. 이 영화에 출연한 뒤 5년 후, 리버 피닉스는 만 23살의 나이에 사망한다. 가장 유명한 작품은 키아누 리브스와 열연한 거스 반 산트 감독의 <아이다호>(1991)이지만, <허공에의 질주>는 그가 성년이 되기 전 출연한 마지막 영화다. 배역과 같은 17 살 때였다. 제임스 딘 등 젊은 시절 적은 필모그래피를 남기고 사망한 배우들이 대개 그러하듯, 리버 피닉스 역시 몇 편의 영화에 남긴 개성과 이미지로 영원한 청년으로 남았다. 이름 그대로 늙지 않는 '불사조'가 된 셈이다.

그러면서 신화로 남는다. 성별을 구분하기 힘들 정도로 어여쁜 얼굴과 수줍은 듯 반항적인 태도는 이제 그 누구도 쉽게 흉내 낼 수 없는 그만의 초상이 되었다. 히피 출신의 부모로부터 똑같은 성姓을 물려받은 동생 호아킨 피닉스는 현재 할리우드를 좌지우지하는 '중년 배우'가 되었지만, 외모에서도, 연기력과 스타일에서도 친형과 아주 다르다. '리버'는 이제 강물처럼 되돌아올 수가 없는 존재가 되었다. 사망한 지 벌써 30년이 넘었다는 게 새삼스럽다.

딱히 그래서 다시 찾아본 건 아니었다. <허공에의 질주>는 내게 아프고도 슬프고, 애틋하면서도 희망찬 영화로 남아 있다. 다섯 번 정도 봤는데, 볼 때마다 눈썹이 파들파들 젖는다. 요란스럽지도 격렬하지도 않으니 외려 더 감정선을 날카롭게 자극하는 힘이 느껴진다. 야구와 음악을 사랑하는 소년, 그러나 어디에도 정착하지 못하고

수시로 이름을 바꾸고 친구마저 바꿔야 하는 소년이 지
금도 그리 흔하지는 않을 것이다.

## 비밀을 사랑해야 하는 소년과 소녀

처음 본 건 스무 살 무렵이었던 것 같다. 베트남전의 민
간인 학살에 반대하여 미국의 주요 군사연구소를 테러한
부모를 따라 계속 도망 다녀야 하는 가족. 그 당시엔 소
년에게만 눈이 갈 수밖에 없었다. 소년의 부모가 어떠한
존재인지, 그들의 사상이 무엇이고 왜 테러를 저질렀는
지는 뒷전이었던 것 같다. 그저 또래 소년이, 그것도 뛰
어난 음악적 재능을 가진 소년이 자신의 꿈을 제대로 이
룰 수 없는 환경에 처했다는 불행에만 감응했었다. 소년
도 나도 다 비슷한 불행을 겪고 있는 것 같았다. FBI의
추격을 눈치챈 소년이 가족이 발각되지 않도록 재빠르게
손쓰는 초반부 장면은 차후에 눈에 들어왔다. 야구팀에
선발되었음에도 소년이 부모를 따라 다시 도주할 수밖에
없게 되는 장면.

가족은 이름과 머리카락 색, 거처와 직장을 또 한 번 바
꾼다. 소년은 전에 다니던 학교의 성적표도 없이 다른 지
방의 학교로 전학 간다. 거기서 자신의 재능을 눈여겨보
게 되는 음악 선생 필립스를 만나고, 그의 딸이자 동급생

인 로나(마샤 플림튼)와 사랑에 빠진다. 필립스는 소년을 줄리아드 음대에 추천하지만, 미국 중산층의 삶에 혐오감을 느끼는 아버지(쥬드 허쉬)는 소년이 대학에 가면 가족이 흩어질 수밖에 없다며 반대한다. 그는 골수 유대계 반전주의자다. 아버지와 정신적 혈맹이기도 한 어머니(크리스틴 라티)는 소년을 줄리아드에 반드시 보내려고 한다. 자신들의 삶 때문에 아이들의 삶을 망칠 수는 없다는 것이다. 영화의 주요 갈등선이 이 지점에 있다. 소년은 자신의 희망과 욕심을 가족 앞에 속 시원히 얘기할 수 없다. 자신을 사랑하지 않는다고 오해한 여자 친구 로나에게 자신의 처지를 설명하면서 소년은 기어이 눈물을 흘린다. 로나는 소년을 끌어안는다. 그리고 소년의 비밀을 지켜주리라 맹세한다.

소년에겐 남동생이 하나 있다. 익살부리기 좋아하고 활달한 10살짜리 꼬마(조나스 애브리)다. 하지만 굉장히 조숙하고 사려 깊다. 이 영화가 리버 피닉스의 명백한 초상처럼 각인 되어 버린 현재, 꼬마에게서 호아킨 피닉스를 떠올리게 되는 것도 어쩔 수 없다. 실제로 리버 피닉스의 가족은 어린 시절 미국 전역을 떠돌아다니면서 음악과 연극 공연을 펼치기도 했다. 영화 제작 당시, 그러한 사실이 반영되었는지는 알 수 없지만, 예술이 그런 방식으로 예술가 사후, 현실과 허구를 뒤섞어버리는 것도 불가항력일 것이다. 거꾸로 얘기하면, 삶이 스스로 예술이 되었기에, 그가 남긴 작품들이 모두 그 사람의 삶 자체가 되어버리는 것이다.

## '불사조'가 된 길의 감식가

3년 후 리버 피닉스가 성인이 되고 나서 찍은 <아이다호>는 "나는 길의 감식가다"라는 독백으로 시작한다. 그 말이 '허공을 질주'하고 난 다음, 지상에 안착해 다시 먼 길을 떠나는 스토리로 자연스럽게 꿰어질 수 있는 것 역시 그렇다. '허공'은 거처 없음일 수도 있지만, 명백하게 잡히지 않는 꿈과 희망일 수도 있다. 그래서 그건 신기루인 동시에 미래에의 비전이 될 수도 있다. <허공에의 질주> 마지막 장면에서 소년은 기어이 아버지의 허락을 받고 가족과 헤어져 줄리아드로 향하는 꿈을 이룰 수 있게 된다. 하지만 진짜 결말은 알 수 없다. 단지 영화 한 편이 끝났을 뿐이고, 거기에 감응한 관객들은 소년이 반드시 줄리아드에 입학해 자기 피아노 실력을 마음껏 발휘하길 기대하면서 객석을 뜰 뿐이다.

그랬던 소년이 조금 더 성숙했으나, 어쩐지 더 아련하고 초췌해진 몰골로 '길의 감식가' 운운하는 걸 목도하는 건 이전의 희망이 망가졌거나 아예 존재하지 않았다는 걸 암시하는 것으로 받아들여질 수 있다. 해맑고 속 깊은 소년이 몸도 정신도 망가진 청년으로 전락하는 건 현실에서도 순식간이다. <아이다호>의 리버 피닉스는 키아누 리브스와 더불어 더없이 아름답고 슬픈 사랑의 길을 떠나지만, 결국 그들은 길에서 쓸쓸하게 죽는다. 그리고 리버 피닉스는 그로부터 2년 후, 실제로 사망한다. 억지로 꿰어맞춘 곡절 같은가. 물론, 사실은 완전히 다를 확률이 높을 것이다. 하지만 오로지 화면으로만 그를 만날 수밖에 없는 나는 이 기묘하고 서글픈 스토리를 짜낸 인물이 과연 누구인지 궁금해 문득, 모골이 송연해질 뿐이다.

리버 피닉스는 나보다 한 살 연상이다. 만약 살아있었다면 옛날 화면 속과는 180도 판이한, 심지어 배 나오고 얼굴선이 너부데데해진 아저씨가 되어 있을지도 모른다. 과거의 순수하고 영롱했(해 보이)던 영혼마저 세파에 찌들고 자본과 욕망의 독에 쩔어 완전한 괴물로 변화했을지도 모른다. 너무 정반대의 가정만 늘어놓는 것 같지만, 그 어떤 때 묻지 않은 사람도 자신의 순수와 결기를 꿋꿋이 지켜내기엔 녹록지 않은 게 이 세상이다. 그리고 그를 그리는 팬들은 그가 살아있었더라도 그렇게 변할 리는 없을 것이라고 믿을 것이다. 그 믿음과 사랑이 지금껏 그를 영원한 불사조로 남겨놓았는지도 모른다.

## 학교는 입시 기계가 아닌,
## 좋은 친구를 만나러 가는 곳이다

<허공에의 질주>를 보면서, 한때는 나였을 것 같기도 하고, 또 한때는 내가 뭔가를 알려주고 가르쳐줘야만 하는 학생들 같기도 하고, 또 한때는 영원히 부럽기도 사랑스럽기도 한 친구 같기도 한 리버 피닉스에게 유독 시선이 가는 건 어쩔 수 없다. 그리고 또 하나. 피아노라는 악기. 도망자 처지에선 쉽게 가지고 다닐 수 없는 악기라 소년은 소리도 안 나는 피아노 연습판을 애지중지 품고 다닌다. 어머니 역시 반전주의자가 되기 전 피아노에 뛰어난 재능이 있었다는 건 나중에 밝혀진다. 소리 나지 않는 피아노로 손가락으로만 수련한 연주가 여느 엘리트 연주자들의 귀를 사로잡는 일. 이것은 과장 같고, 영화에서나 가능한 기적 같은가.

학교는 과연 무엇을 배우는 곳인가. 줄리아드에 가기 위해 소년은 학교에 다니는 게 아니다. 학교란 입시를 위한 기계 양성소가 아니라 이 세상 모든 소년과 소녀들이 친구를 만나러 가는 곳이다. 정해진 기관에서 기계적으로 천편일률 학습된 노하우가 아닌, 떠돌고 방황하며 자신만의 진심과 열정으로 터득해 나가는 기술. 소년은 아마 그것을 깨우쳤을 것이다. 그 어느 부잣집 아이의 스타

인웨이 피아노보다 현묘한, 소년의 가슴속 열망으로 부단히 다듬고 매만져진, 들리지 않는 소리. '허공'은 바로 소리를 일깨우친 자신만의 거처였을 지도 모른다. 그 허공을 질주하는 소년의 피아노 소리. 그게 이 영화의 최절정이라 해도 과언 아니다. 이상, 리버 피닉스처럼 생기지도 않았으면서 괜한 감상에 절은 오십 대의 회한이었다.

**허공에의 질주** Running on Empty 1988/15/1h 56m
**Director** Sidney Lumet
**Writer** Naomi Foner
**Stars** River Phoenix·Christine Lahti·Judd Hirsch

# 아버지는 늘 바깥에서 엇박으로 춤추지
### 아버지를 위한 노래
### This Must Be the Place

세상 대부분의 아버지는 '가장'인 동시에 '집 밖 사람'이다. 가부장 사회에서 아버지는 왕과 같은 위치이지만 그렇기에 더 외따로 고립된 존재일 수 있다. 이전 세대 어머니들은 자기 남편을 일컬어 '바깥양반'이라 칭했다. 바깥에서 볼일 보는 사람이란 뜻이다. 한 가정의 왕(?)인 동시에 바깥사람. 지금은 많이 바뀌었지만, 불과 30년 전만 해도 그게 일반 가정의 풍속이었다. 가족에서 제일 높은 존재이면서도 바깥에 있는 사람이라.

**아버지, 오면 반갑고 나가면 더 좋은 존재**

엄한 아버지일수록 바깥에 있을 때 해방감을 느끼는 아이들도 있다. 반대로, 아버지가 집에 없을 때 삐뚤어지거나 더 외로워지는 아이들도 있다. 아버지는 바깥에서 돈을 벌어 가족을 부양하는 의무와 책임을 진다. 동서고금 불문, 선험적으로 부여된 아버지의 역할이다. 어머니는 아이를 키우고 가정을 가꾼다. 그래서 항상 어머니는 집에서 아이들과 함께한다. 물론, 그렇지 않은 경우도 많다. 요즘은 특히 그렇다. 아버지와 어머니의 역할이 반대이거나 섞이는 경우도 흔해졌다. 그럼에도 아버지는 여전히 아버지다. 안에 있으면 왠지 바깥에 있어야 할 것 같고, 바깥에 있다가 안으로 돌아오면 잠시나마 환영歡迎 받는 환영幻影 같은 존재?

파올로 소렌티노 감독의 <아버지를 위한 노래>(2011)는 평이한 듯 독특한 영화다. 알고 보면 끔찍할 수도 있을 내용을 평온하고 잔잔하게 이끌고 간다. 차림새부터 범상치 않아 보이는 인물은 의외로 평범하고, 언뜻 평범해 보이는 인물들은 어딘가 불안하거나 뒤틀려있다. 그러면서 모든 인물이 아련하고 가련한 체취를 은근히 풍긴다. 영상의 색감은 조밀하게 풍성하고, 시종일관 쓸쓸한 듯 경쾌한 음악이 감정을 알싸하게 삭힌다. 상처와 고통에 대한 토로가 꽤 상큼할 정도다.

주인공은 은둔 중인 록스타 셰이엔(숀 펜). 폭탄 맞은 듯한 펑키 머리에 짙은 메이크업을 하고 다니는 초로의 남자다. 들릴 듯 말 듯 속삭이는 목소리에 매사 행동거지가 기운 없고 소심해 보인다. 그는 젊은 시절, '영감을 불러일으키는 우울한 노래들'(셰이엔 자신의 표현이다)로 세계적인 명성을 얻은 뮤지션이었다. 그러다가 그의 노래를 듣고 두 명의 청년이 자살한다. 충격을 받은 셰이엔은 모든 활동을 접고 아일랜드 더블린에 은둔한다. 그의 곁엔 그보다 더 활달하고 적극적인 아내 제인(프란시스 맥도맨드)이 있다. 제인의 직업은 소방관이다. 그리고 셰이엔처럼 고스Goth 분장을 한 까칠한 이웃 소녀 메리(이브 휴슨)가 퉁명스러운 매니저처럼 따라다닌다. 거의 의붓딸 느낌이다.

## 1980년대 청춘들의 씁쓸 다리다리한 리듬

셰이엔은 어린 시절, 아버지의 사랑을 받지 못했다고 느낀다. 그가 뮤지션이 된 것도 그로 인한 상처 때문이다. 스스로 말했듯 '영감을 불러일으키는 우울한 노래들'이 그렇게 만들어졌다. 상처와 소외, 고독 등이 삭혀서 그의 목소리가 된 것이다. 셰이엔은 '리드기타를 압도하는 리듬기타리스트'이기도 하다. 화려한 주선율보다는 본능적 리듬과 자신만의 호흡을 개성적으로 분출했다는 뜻일 거다. 셰이엔 음악의 독창성은 거기서 나왔다고 봐도 된다. 영화의 원제는 <This Must Be The Place>, 독특한 음색과 리듬으로 1970~80년대를 풍미했던 밴드

토킹 헤즈Talking Heads의 노래에서 따왔다. 토킹 헤즈의 리더였던 데이비드 번이 사운드트랙을 맡았고, 직접 자기 자신으로 출연하기도 한다.

셰이엔의 풍모에서 떠오르는 뮤지션이 한 명 더 있다. 역시 1970년대 말부터 우울하고 허무하고 절망적인 노래들을 때론 음침하게, 때론 경쾌하게 불러제낀 영국 밴드 더 큐어The Cure의 리더 로버트 스미스이다. 풍성하게 부풀린 헤어와 짙은 메이크업은 영락없는 로버트 스미스의 재현이자 풍자다. 더 큐어는 아직도 왕성하게 활동 중이다. 시대에 따라 여러 차례 음악적 변신을 시도했지만, 로버트 스미스의 음악은 결국 고통과 우울, 그리고 그 극복 의지(팀명부터!)를 바탕으로 한다. 영화 역시 비슷하다. 우울하지만 기묘하게 위트 넘치고, 잔잔하고 아리지만 엉뚱한 유머가 독특한 리듬감을 부여한다. 전체적으로 결이 곱고 따스하다는 느낌은 그런 특징에서 나오는 것일 게다.

이 영화는 한 시대의 음악과 그 시대의 음악을 향유한 특정 세대에 대한 '송가'라 봐도 무방하다. 두 차례의 세계대전과 정치적 격동을 겪은 세대와 그 아들들, 정확히는 1950년대 초중반생들의 이야기. 나아가 그들의 아이들에게까지 유전되는 길고 긴 상처와 우울, 절망에 대해

차분하고도 쓰린, 가볍고도 깊은 스케치. 시종일관 풍경
은 맑고 화사하지만(눈이 쌓인 후반부 장면마저도 맑고
포근한 느낌이다), 그 안에 놓인 인물들의 영혼은 색조
의 세밀함만큼만이나 예리하게 찢겨 있다. 셰이엔의 아
버지는 바로 찢긴 상처의 원조다.

**정말 아우슈비츠 이후엔 시도 삶도 불가능했나?**

셰이엔의 아버지는 2차대전 당시 아우슈비츠 수용소에
갇혀 있었다. 상처의 진원은 결국 전 세계적인 폭력과 그
로 인한 패닉이었던 거다. 전후 태어난 셰이엔은 그 내
막을 자세히 알지 못하는 상태에서 자랐다. 셰이엔의 아
버지는 전쟁이 끝난 이후 수용소에서 자신에게 고통을
준 나치 대원을 찾아 복수하기를 꿈꾼다. 그렇게 여생이
허비되며 아들에게 사랑을 전할 기회를 놓친다. 셰이엔
은 소외되고 고립되어 자신만의 세계 안에 갇힌 채 성인
이 된다. 그 모든 외로움의 원인이 된 아버지를 샤이엔은
30년 동안 떠나있었다. 그러다가 부고를 받고 가족이 있
는 뉴욕으로 떠난다.

뉴욕은 그가 한때 명성과 인기를 누렸던 곳이다. 화려
하기만 한 그 도시가 셰이엔에겐 그저 휑하고 낯설 뿐이
다. 비행 공포증이 있어 배를 타고 대서양을 건넜기에 아

버지는 이미 숨을 거둔 지 오래다. 사촌 리처드로부터 아버지가 생전 나날이 끼적였던 일기를 건네받는다. 왜 아버지가 가족을 등한시했는지, 아버지의 진정한 상처와 고통의 여정이 어떤 것이었는지 샤이엔은 되새긴다. 거부감과, 몰랐던 비밀을 알게 된 놀라움과, 그렇게 전이되는 부자간의 불분명한 슬픔의 궤적을 살피는 셰이엔의 표정이 자못 알쏭달쏭하다. 그것을 연기하는 숀 펜은 진짜 외계인 같아 보인다. 이 감정의 정체는 뭘까. 왜 이런 게 내 몸을 스멀스멀 움직이게 하는 것일까 싶은, 감정을 초월한 어떤 물리적 진공 상태. 나로선 이 영화에서 가장 음악적인 순간(?)이라 여겨졌다.

아우슈비츠에 수용됐던 사람들의 고통은 인간에 대한 처참한 살육 행위로 기록되어 있다. 전 세계가 격노하고 충격받았다. 인간이 어떤 존재인지에 대한 재고가 모든 학문 분야에서 이뤄졌을 정도다. 가스실과 생체 실험 등 인간이 도대체 다른 인간을 어떻게 다룰 수 있는지에 대한 여러 연구 사례가 되기도 했다. 그런데 이 영화는 약간 각도를 달리한다. 셰이엔의 아버지가 아우슈비츠에서 당한 가장 큰 고통은 가스실도 생체 실험도 아니었다. 셰이엔의 아버지는 사람이라면 일상에서 언제든 느낄 수 있는, 아주 사소해 보이면서도 치명적인 상처를 그곳에서 겪었다. 가스실에 갇히거나 생체 실험을 당했다면 오히려 나았으려나. 이미 죽어 없어졌으면 모든 게 다 잿더미가 되어 차후의 고통 따위 없었으려나. 하지만 살아남은 자는 결국 죽은 자들이 떼어놓은 나머지 고통으로 평생 시달려야 한다.

## 삶은 언제나 '여기가 바로 그곳'이다

셰이엔도 그랬을 것이다. 자신의 노래 때문에 죽은 두 청년의 넋을 아무리 스스로 달래려 해도 달랠 수 없다. 청년들의 무덤에 들러 추모하려 하면 그들의 부모가 셰이엔에게 분노와 경멸을 퍼붓는다. 셰이엔은 자신의 고통을 노래로 승화했지만, 그것 때문에 죽은 이들의 아픔을 자신이 달래줄 순 없다. 살아남은 자의 업보이자 고통이다. 셰이엔의 아버지도 마찬가지. 죽음의 수용소에서 살아남았으되, 그 대가는 평생 잊히지 않는 치욕과 수모와 무너져 내린 자존심에 대한 갈구뿐이다. 평소 행동과는 어울리지 않게 권총까지 무장한 채 그 전범과 마주한 셰이엔의 행동이 이 영화의 참된 아이러니다. 슬프고 웃기고 어색하고 정밀하다. 사운드트랙으로 깔린 음악들의 리듬처럼 어딘가 엇박인데, 새겨보면 정박인 묘한 곡절.

아버지는 주로 집에 없다. 그런데 아버지가 아예 없으면 집구석이 '개판'(?)된다. 그 '개판'에서 자란 아이들도 결국 아버지 혹은 어머니가 된다. 제대로 정비된 '사람판'(?)에서 자란 아이들보다 때로 개판에서 자란 아이들이 더 성숙하고 깊이 있는 삶을 성찰하게 되기도 한다. 랭보가 그랬고, 니체가 그랬다. 어떤 특별한 이름이 아니어도 아버지는 자기 안에 있다. 극복도 복수도 사랑도 결국 자신의 몫이다. 그래서 제목이 그럴 거다. 'This Must Be The Place'. 여기가 바로 그곳이다. 자신의 삶은 바로 거기 있다. 웃기게 엇박으로, 그런데 느닷없이 정박이 되는 요지경 속에.

**아버지를 위한 노래** This Must Be the Place 2011/12/1h 58m
**Director** Paolo Sorrentino
**Writers** Paolo Sorrentino·Umberto Contarello
**Stars** Sean Penn·Frances McDormand·Judd Hirsch

# 사랑은 괴물의 피를 마시고 산다

포제션

Possession

모든 극적인 사실엔 일말의 광기가 존재한다. 기쁨이나 슬픔, 환희나 영광, 절망과 좌절 등 인간의 모든 감정이 배어있기 때문이다. 광증狂症이 폭발하지 않는다면, 상궤를 벗어난 일탈과 삐걱거림이 작동하지 않는다면, 희로애락은 그저 밋밋한 일상의 겉표지 정도밖에 되지 않을 것이다. 행복과 불행 등을 느끼는 감정은 결국 모종의 '미친 상태'다. 너무 극단적인가. 더 극단으로 여겨질 수 있는 영화를 얘기하기 위한 전제에 불과할 뿐이다.

**모든 사랑엔 광기가 숨어있다.**

일상은 대체로 평범해 보인다. 그래서 지루하거나 심심하다. 사랑이 편의점에서 쉽게 살 수 있는 소모품 같은 것이라면 그 어떤 생생한 에너지도 발현할 수 없을 것이다. 그럼에도 대개 사람들은 안온하고 평범한 생활을 유지하기 원한다. 어떤 충돌이나 분열, 갈등과 소진을 바라면서 사는 사람은 별로 없다. 하지만 삶은 결국 특별하거나 의외의 충돌과 갈등 때문에 그 본색을 드러내기 마련이다. 그건 불행과 악덕, 혹은 죽음과 폭력에 의해 유발되거나 결론지어진다. 반복건대, 모든 드라마틱한 사실은 전면적이거나 잠재적인 광기의 출현이다. 자신의 전 존재를 타인에게 내던지는 사랑은, 더더욱 그렇다.

안드레이 줄랍스키는 폴란드 출신이다. 소피 마르소의 전남편으로 유명했는데, 2016년 76세의 나이로 작고했다. 젊은 시절 공산주의 사회였던 폴란드의 정치적 예술적 억압을 피해 프랑스로 이주해 영화를 만들었다. 괴랄하고 산만하고 그로테스크한 영화들을 줄곧 연출했는데, 1980년대 프랑스 영화계뿐 아니라 전 세계적으로도 악명 높은 감독이었다. 1981년 개봉된 <포제션>은 그가 프랑스에서 처음으로 주목받은 작품이었다. 1인 2역의 여주인공 이자벨 아자니는 추후 줄랍스키 영화에 등장하는 광기 어린 여배우의 효시가 되었다. 이 영화를 찍은 직후, 이자벨 아자니는 정신병원 치료를 받았을 정도로 충격적인 연기를 선보였다. 당시 자살 기도설도 떠돌았으나 나중에 낭설로 알려졌다.

막 하이틴 이미지를 벗은 소피 마르소가 이후 줄랍스키의 히로인이 되었다(결국 둘은 결혼한다). 올누드는 물론이고 파격적이고 폭력적인 정사 장면은 줄랍스키 영화의 전매특허라 할 만한데, 섹슈얼리티와 죽음, 폭력과 사랑의 노골적이고도 복합적인 울림은 줄랍스키만의 특장이자 비판의 초점이 되었다. 1996년에 개봉한 <샤만카>에선 사랑하는 남자가 죽자 그의 뇌를 파먹는 여주인공이 등장하는데, 당시 폴란드 출신 신성으로 메인 롤을 맡은 이오나 페트리는 그 작품을 찍고 엄청난 심리적 충격을 입고선 얼마 안 가 미술작가로 전업했을 정도다.

### 빤한 치정극? 아니 엽기 공포의 끝판왕!

<포제션>은 이상하고 망측하고 끔찍하고 불편한 영화다. 등장인물들은 현실을 살면서 자기 안의 괴이한 동굴 같은 곳에 수시로 숨어드는 듯 몽롱하고 산만하다. 마크(샘 닐)는 전쟁 중에 스파이 활동을 하다가 집(베를린이 배경이다)으로 돌아온다. 그러나 아내 안나는 마크를 멀리한다. 안나의 마음을 돌려보려 애쓸수록 안나는 더욱 냉담해진다. 집에 왔으나 집이 아닌 게 되는 셈이다. 전쟁 중에 어떤 심리적 내상을 겪었는지, 안나가 왜 마크를 등한시하는지 자세한 내용은 드러나지 않는다.

둘에겐 아들이 있다. 아들을 돌보기 위해 가정교사 헬렌(역시 이자벨 아자니가 연기한다)을 들이게 되는데, 안나를 쏙 빼닮은 헬렌에게 마크의 마음이 동한다. 하지만 안나에 대한 사랑을 놓고 싶지는 않다. 마크는 사립탐정을 고용해 안나의 일상을 추적하다가 하인리히라는 정체불명의 남자, 그리고 또 다른 어떤 이와 안나가 외도 중임을 알게 된다. 문제는 '또 다른 어떤 이'다. 마크가 고용한 탐정은 '그'와 안나에게 살해당한다. 마크는 안나를 보호하기 위해 또 다른 살인을 저지르게 된다. 나중에 마크는 '그'의 정체를 알게 된다.

대략의 스토리는 이러하다. 빤한 치정극의 스토리이지만, 영화는 전혀 빤하지 않다. 초반의 냉랭하고 몽롱한 분위기부터 심상치가 않다. 이자벨 아자니 특유의 넋 나간 듯한 눈빛, 새하얀 피부, 백치와 천사를 동시에 연상케 하는 표정은 시작부터 마음을 비릿하게 쥐어짜는 구석이 있다. 평범한 중산층처럼 보이지만, 적은 대사에 혼란스럽게 전개되는 영상들은 이들이 이미 내면 어딘가에서부터 철저히 파괴되어 있음을 암시한다. 공포물로 홍보되었지만, 웬만한 공포 스릴러보다 더 느릿느릿하고 뜬금없는 장면 연출은 초반 30분쯤 관람을 포기하게 만들 수도 있다. 그럼에도 어딘가 끈덕지게 시선을 빨아당기는 힘이 느껴진다.

## 영혼을 발가벗은 인간 안에 괴물이 산다

'포제션'은 '소유하다'는 의미도 있지만, '뭔가에 씌거나 사로잡히다'는 뜻도 있다. 이 영화는 그 두 개의 의미를 모두 적용할 수 있다. 사랑의 가장 나쁜 경우가 상대에 대한 소유욕 아니던가. 그 '소유물'이 자신의 손아귀에서 빠져나가는 상실감은 인간을 피폐한 폭력성 앞에 굴복하게 만들기도 한다. 마크가 안나의 냉랭함에 좌절하는 건 곧 모종의 폭력과 자기 상실의 출발이 된다. 앞서 집에 왔으나 집이 없어진 셈이라 말했거니와, 내 것이었던 것이 다른 이의 것으로 넘어가는 순간, 인간은 스스로 발가벗게 된다.

안나는 마크 아닌 다른 '무언가'를 만난다. 그 '무언가'에 사로잡힌 것이고, 그 '무언가'는 마크에게도 안나에게도 공히 존재할 수 있는 어떤 미지의 쾌락과 분출되지 못한 폭력적 욕구의 화신이자 대상이 된다. 안나는 마크의 소유에서 놓여나는 순간, 그 '무언가'를 소유하는 동시에 '무언가'에 소유된다. 그 '소유'는 자발적인 듯 불가항력처럼 보인다. 왜 안나가 '무언가'의 노예 혹은 주인(이 두 요소가 양가적으로 공존한다)이 되어 별스러운 쾌락에 빠져들게 되는지 영화는 아무것도 설명해주지 않는다. 왜 안나가 집 밖으로 나와 모처에서 괴이한 존재와 보기에 끔찍하고 참혹한 사랑을 나누는지, 그 '무언가'(이제 괴물이라 하자)는 도대체 어디서 어떻게 탄생하게 되었는지 자세한 건 모두 영화 속에서 공란이다. 그 공란이 그런데, 모든 사람의 내면 깊숙이 잠재된 모종의 광기와 허기와 환상의 복합체로 채워지는 느낌을 받게 된다면?

 안드레이 줄랍스키는 워낙 종잡을 수 없는 내용의 영화를 만드는 감독이지만, 한번 '사로잡히면' 웬만한 작품들을 다 뒤져서 보게 된다. 아마 그런 사람은 소수일 것이다. 정신 차리기 힘들 정도로 폭력적이고 산만하기 그지없는 영상이지만, 군데군데 보석같이 박힌 시적인 대사와 아름답고 수려한 장면들은 마치 괴물의 입에 박힌 다이아몬드처럼 반짝거리기도 한다. 거의 모든 작품이 사랑과 죽음, 폭력과 피투성이의 영혼을 다루고 있지만, 다보고 난 다음의 애잔함은 기묘할 정도로 푸근하고 아득하다. 피가 철철 흐르던 상처가 말끔히 씻기고 새하얀 피부에 흉터로 남은 흔적이 혼돈 그 자체로 매혹적인 타투처럼 여겨진다고나 할까.

## 괴물을 만난 다음 더 푸르러진 하늘

 '영상으로 표현한 시'라는 표현은 아마 진부할지도 모른다. 하지만 <포제션>뿐 아니라 줄랍스키의 영화를 보고 있으면 그 표현 말고 딱히 다른 수사가 떠오르지 않는다. 격렬하고 애잔하고 기괴하면서도 슬픈 시집 한 권을 통독한 다음 텅 빈 하늘을 바라보고 있는 듯한 기분이 들기도 한다. 거기엔 조금 전 보았던 끔찍한 장면들이 구름의 얇은 선들이 그려놓은 형상처럼 아련하게 지워질 듯 그려져 있다. 마치, 막 통과해 나온 지옥도 같은 풍경이 사람의 가장 깊은 곳에 숨어있는 욕망과 그로 인한 분투의 투영일 뿐, 실상은 하나도 이상하거나 괴이한 게 아니라는 듯 하늘은 영화를 보기 전보다 더 고요하다.

그 고요 뒤는 또 어떠하겠는가. 온갖 물리적 화학작용으로 파랗게 떠 있는 저 거대한 궁륭 뒤편에 수많은 별과 우주먼지를 뒤집어쓴 괴물들이 피 터지는 싸움을 벌이고 있는 건 아닐까. 그게 바로 우주의 실체이고, 사람의 진정한 속내라는 메시지를 줄랍스키는 던지려 했던 건지 모른다. <포제션>은 결국, 광기와 폭력의 충격적 시연을 통해 사랑의 편을 들어주는 영화다. 마르그리트 뒤라스와 H.P. 러브크래프트의 소설을 뒤섞은 것 같은 영화라는 사견은 뱀꼬리 삼아, 아니, 괴물의 거대한 꼬리 삼아 덧붙인다.

**포제션** Possession 1981/18/2h 4m **Director** Andrzej Zulawski
**Writers** Andrzej Zulawski·Frederic Tuten
**Stars** Isabelle Adjani·Sam Neill·Margit Carstensen

# 매 순간 다른 얼굴로 살아있으라!

홀리 모터스

Holy Motors

불교의 핵심 개념은 '윤회'다. 이승을 떠나서도 삶이 계속 반복된다는 것이다. 또한 불교는 생을 '고해'라 일컫는다. 범박하게 추리면, 살아도 죽어도 고통에서 헤어날 수 없다는 뜻이다. 그 윤회의 사슬을 끊고 스스로 부처가 되는 걸 '열반'이라 이른다. 황제의 삶이든 걸인의 삶이던 열반에 이르지 못한다면 결국 고통의 수렁이고 자기 망실과 허무의 반복일 뿐이다. 익히 잘 알려진 내용이나 깨달음에 이르지 못한 대부분의 범부들은 실감도 납득도 하기 힘든 사항이다. 왜 뜬금없이 불교냐고?

### 천재의, 가히 천재스러운 재기작?

레오 카락스는 괴작이라 평가된 <폴라 X>(1999) 이후, 영화계에서 거의 잊히다시피 했었다. 그동안 개인사적으로도 굉장히 힘든 시간을 보낸 것으로 알려졌다. <폴라 X>의 여주인공이었던 예카테리나 골루베바와 결혼했으나 그녀는 2011년 사망했다. 같이 출연했던 남자 배우 - 제라르 드 파르디유의 아들인 기욤 드 파르디유도 2008년 37살의 나이로 요절했다. 대차게 말아먹은 영화 한 편의 후유증이 감독에게 그런 식으로 다가온다면 누군들 삶이 지옥처럼 여겨지지 않겠는가.

자세한 사정은 알 수 없다. 다만, 사람이 일반적으로 겪을 수 있는 상처와 고통의 밀도를 감안해 그의 삶을 추측해 볼 수 있을 뿐이다. <홀리 모터스>(2012)는 레오 카락스의 아내가 죽은 다음 해 발표된 작품이다. 13년 만의 '재기작'이라고도 할 만하다. 한때, 프랑스 영화계의 천재라 불리던 그가 공백기 동안 어떤 절치부심을 했는지는 영화를 보고 나서 판단하면 된다. 영화계 대부분 인사들의 극찬은 그저 참고 사항일 뿐, 이 영화가 품고 있는 영화적 메시지와 에너지는 당연히 보는 이 각자가 판단하고 감당할 몫이다.

<홀리 모터스>는 딱히 줄거리를 요약할 것도, 내재된 의미를 분분하게 해석할 필요도 없는 영화다. 맨 처음 레오 카락스가 직접 출연하는 프롤로그가 있다. 백발이 희끗희끗해진 그는 담배를 피우며 고뇌하는 듯한 모습이

다. 그러다가 숲의 형상으로 도배된 벽을 뚫고 관객들이 모여 있는 극장으로 들어간다. 그러면서 클로즈업되는 한 소녀의 모습. 그의 딸일 수도, 극중 인물의 딸일 수도 있다. 부언컨대, 레오 카락스는 예카테리나 골루베바가 다른 남자 사이에서 낳은 딸을 지금도 키우고 있다. 그리고 그의 오랜 페르소나인 드니 라방이 본격적으로 등장한다.

## 변신인가 몰락인가 놀이인가

양복을 말끔히 차려입은, 오스카라 불리는 사업가의 모습이다. 셀린(에디스 스콥)이라는 여기사가 운전하는 하얀색 대형 리무진에 올라 업무를 시작하는 오스카. 얼핏 은행 간부 같은 모습이다. 스케줄을 확인한 그가 갑자기 변장을 한다. 리무진 안은 온통 분장 소품 등 잡동사니 투성. 가히 이동하는 분장실이라 할만하다. 오스카는 이후, 여덟 차례 변신한다. 걸인으로 시작해 모션 캡처 촬영장에서 우아하고 전위적인 액션을 펼치는 배우, 무덤가의 꽃을 게걸스레 뜯어먹고 모델을 납치하는 광인, 그리고 다정한 아버지에서 미치광이 떼 같은 악단을 리드하는 바얀 연주가 등. 리무진에서 한 번씩 내릴 때마다 그는 다른 사람이 된다. 맥락도 개연성도 없다. 그저 변하고 또 변할 뿐이다.

그게 모두 하루 동안의 일이다. 모든 배역에 스케줄이 잡혀 있고 셀린은 매니저나 비서 역할이다. 식사도 리무진에서 한다. 리무진에서 내릴 때마다 그는 다른 사람이 되어 있으니 리무진은 숫제 여러 사람이 한데 묻힌 무덤이기도, 거듭 다른 사람으로 다시 변신하여 태어나는 무언가의 자궁이라고도 할 만하다. 파리 시내 이곳저곳을 누비고 다니는 리무진이 문득 영구차 같다는 느낌을 받은 것도 그 때문일 것이다. 새하얀 영구차라니. 그 자동차의 이름이 '성스러운 자동차'다.

## 추악한 존재를 운반하는 '성스러운 자동차'

이름은 그렇지만 그곳에서 변신하여 나타나는 이는 결코 성스러운 모습이 아니다. 다정하고도 엄격한 아버지였다가 난데없이 두건을 뒤집어쓴 채 길가 카페에서 담소를 나누고 있는, 자신과 똑같이 생긴 은행원을 살해하기도 하고, 단검으로 누군가를 죽이기도 하는데, 그의 칼에 목이 찔리는 이(테오라 불린다)가 또 그와 똑같은 인물이다. 죽이고 죽고, 다시 살아나는 그는 인간의 모든 탐욕과 추함과 악과 누추함을 몸소 체현하는 자다. 그리고 다시 리무진 속. 모든 새로운 인물들이 만들어지는 공장이라고도 할 만한 그곳에서 그는 가끔 차창 밖을 본다. 그에겐 차창 밖 모든 것이 무대이고 극장이다. 반대

로, 그가 리무진 바깥으로 나갈 땐, 그를 보는 모든 이가
그의 관객이고, 그 자신이 극장의 주인공이 된다. 이것은
영화감독 혹은 배우의 명백한 자기 반영 아니고 무엇이
겠는가.

영화의 마지막 30분 동안 등장하는 여인이 있다. 카일
리 미누그가 연기하는 진이라는 인물이다. 오스카와 똑
같이 하얀 리무진을 타고 다니면서 오스카와 비슷한 행
위를 하는 것으로 추측되는 인물이다. 둘은 각자의 운전
사가 교통 시비로 대거리하는 와중에 조우한다. 모종의
과거를 공유하는 인물이라 여겨지나 자세한 내용은 드러
나지 않는다. 카일리 미누그는 호주 출신의 팝 가수다.
다소 뜬금없는 캐스팅 아닌가 싶지만, 둘의 대화를 듣다
보면 왜 레오 카락스가 그녀를 캐스팅했는지 짐작이 안
가는 것도 아니다. 하지만, 이 역시 추측일 뿐이다.

둘은 반갑게 해후했지만, 진은 "딱 30분밖에 시간이 없
다"고 하면서 지금은 폐건물이 된, 예전에 둘이 같이 들
르곤 했던 백화점 건물로 들어간다. 러닝타임을 확인하
면 실제로 30분 정도 남은 상황. 둘은 과거에 관해 대화
를 나눈다. 그러나 여전히 자세한 곡절을 알 수는 없다.
그러다 진이 노래를 부른다. 역시 어느 아이와 관련한,
과거의 사연을 짐작할 만한 내용의 가사다. 노래를 마친

진은 20분 후 연인이 이곳으로 찾아온다고 한다. 둘은 헤어진다. 밤이 이슥하고 하루가 막바지에 달한 시각이다. 오스카는 모든 일정을 마치고 리무진으로 돌아온다. 이후 진이 어떻게 되었는지는 이 영화의 유일한 반전이자, 가장 명확한 힌트라 할 수 있으니 직접 확인하시길.

집으로 돌아온 오스카는 아내와 딸과 마주한다. 그런데, 아내와 딸이 이상하다. 이 역시 보지 않은 이들을 위해 말하지 않기로 한다. 하루 동안 아홉 개의 인생을 사는 것. 아무리 배우라지만 좀 지나치지 않나 싶다. 그 분열과 혼란을 한 사람이 견뎌낸다는 건 가혹한 처사라 아니할 수 없다. 하지만 매 순간 죽고, 매 순간 다시 살아나야 하는 건 비단 배우의 업業, karma만은 아니다. 사람은 누구나 매 순간 다른 사람이 된다. 불교에서는 스스로 자기 자신이라고 명증한 인식을 가지는 것 자체를 허깨비라 여긴다. 그러한 자기 인식 탓에 고통도 상처도 커지는 것이다. '이' 사람을 만나면 '저' 사람이 되고, '그' 사람을 대할 땐 또 다른 사람이 되는 게 인간의 기본 속성이다. 인생이 연극이다, 라는 말은 그래서 나온 말이다. 실제로 자동차 안에서 세상을 보면 모든 풍경이 프레임 짜인 허구 같다는 생각이 들곤 한다. 그리고 또 차에서 내리면 누군가를 만나거나 어딘가로 향하면서 다른 얼굴을 바꿔 써야만 하는 게 사람의 일상이다. 다만, 자신이 요지부동하는 유일무이한 자아라는 환각 속에서 억지로 가면을 벗지 않거나, 새로운 가면을 쓰게 될 뿐이다. 어쩌면 그게 삶의 본질일지도 모른다. 그래서일 거다. 자동차 이름이 '홀리 모터스'인 것은.

우리는 과연 '자기 자신'이기만 할까?

자동차(라 환유되는 '자아'라고나 하자) 안에선 고유한 자신이었던 것이 밖으로 나가니 다른 사람이 되는 것. 또는, 아예 인간의 기본 도덕이나 습성을 넘어서거나 못 미치는 존재가 되는 것. 어쩌면 사람은 자신만의 은밀한 '자동차' 바깥에서 더 적나라한 본성을 드러내는 것인지도 모른다. 타인 앞에서 자신도 타인이 되어 존재의 무시무시한 압력으로부터 일탈하려는 노력. 삶과 죽음이 그렇게, 같지만 다른 얼굴로 누군가의 내면에 숨어있다. 그리고 우리는 매일 그걸 마주하는 동시에 회피한다. 그 가면이자 본심이고 본심이자 가면인 얼굴을 스스로 까발리는 일. 그거야말로 이 윤회의 굴레에서 유일하게 마주할 수 있는 자신의 본성 아니겠는가. 나무관세음보살.

**홀리 모터스** Holy Motors 2012/NR/1h 55m
**Director** Leos Carax **Writer** Leos Carax
**Stars** Denis Lavant·Edith Scob·Eva Mendes

# 세상은 더럽고 비참한 놀이터…
# 화끈하게 놀다 가자!

가여운 것들

Poor Things

흔히 알 듯, 동심(童心)은 어린아이의 마음이다. 순수하고 해맑고 투명하고 …… 어쩌고, 라고 설명할 수 있을지도 모르지만, 사실 그렇지만은 않다. 동심은 외려 너무 순수해서 더러워지기 쉽고, 너무 해맑아 혼탁해질 위험이 있으며, 너무 투명해서 새카매지기 십상이다. 유리 같지만, 그렇기에 자칫 깨지면 흉기가 되고, 자유롭지만 그래서 때로 기성 세계에 혼란을 유발하기도 한다.

**이 감당 못 할 동심의 유쾌한 횡포라니!**

요르고스 란티모스 감독의 <가여운 것들>(2023)은 관객과 비평계 모두 긍정적인 반응이 다수였다. 여러 영화제에서의 수상 소식도 들렸다. 원작은 스코틀랜드 작가 앨러스데어 그레이가 1992년에 발표한 동명 소설이다.

한국에도 번역됐다. 책이 출간되면서 영화 개봉 홍보도 병행했던 것으로 안다. 아직 읽어보진 않았다.

앨러스데어 그레이는 제임스 조이스나 프란츠 카프카에 비견되는 작가라 알려졌는데, 2019년에 사망했다. 향년 85세. 1981년 대작 『라나크Lanark』로 찬사를 받으면서 데뷔했다. 그 작품은 예전에 번역 출간됐었으나 현재는 절판됐다. 조이스나 카프카를 떠올리게 했을 만큼 평범하고 사실적인 작품을 쓴 작가는 아니다. 원래는 벽화와 판화로 잘 알려진 화가였다. 소설 역시 초현실적인 화풍이 느껴질 정도로 요란하고 현란한 묘사와 상상력이 돋보인다.

영화 <가여운 것들>에서도 그런 특징들이 잘 나타난다. 19세기 말 영국 빅토리아 시대가 배경이지만, 전체적인 분위기나 화면의 톤은 숫제 아동용 애니메이션을 연상케 할 정도로 색감이 짙고 비현실적으로 과장돼 있다. 케이블카처럼 공중에 매달린 선을 따라 이동하는 택시가 당시 영국에 있었는지는 잘 모르겠지만(기구 정도는 떠다녔을 수도 있을 거다), 그런 소소한 요소들이 만화적인 느낌을 더 극대화한다.

## 만화 같은 풍경, 만화 보다 더한 난동

이야기 전개 또한 만화 같은 구석이 많다. 소설은 더 복잡하고 다채로운 구성으로 진행되는 것으로 알지만, 영화는 그중에서도 단선적이면서 분명한 플롯만을 따온 듯하다. 시작은 이러하다. 임신한 여인이 강에 뛰어내려 자살한다. 그 시체를 발견한 괴짜 의사가 배 속 아이의 뇌를 시체의 머리에 이식해 부활시킨다. 성인의 체격과 외모를 갖춘 괴이한 아이가 그렇게 탄생한다. 언어를 갓 배운 아이처럼 문법에 맞지 않는 말을 더듬거리며 말하고, 행동은 고장 난 로봇처럼 삐걱거린다. 성질은 괴팍하고 잔인한 정도로 자기 욕망에만 충실하다. 아이의 이름은 벨라 벡스터(엠마 스톤). 시체를 발견하고 부활시킨 의사 갓윈 벡스터(윌렘 데포)의 성을 따왔다.

벨라는 갓윈을 '하나님 아버지'라 부른다(Godwin을 줄여 부르니 God이 맞긴 하다). 때론 '아버지'라 줄여 부르기도 한다. 이른바 자신을 탄생케 한 신이자 친부인 셈이다. 언행이 행동 발달 장애인이나 다름없기에 외출이 통제된 상태에서 하녀 프림의 시중을 받으며 벡스터의 집 안에서만 놀고, 그 안에서만 사고를 친다. 프림에게 벨라는 애물단지 요물이나 진배없다. 멀쩡한 사람이라면 그 누구도 벨라를 감당하기 어려울 정도다. 하루가 멀다고 사고를 치는 천덕꾸러기 아이 서너 명이 한 몸에 살아 있다고 여겨도 과장만은 아닐 상황. 속이 뒤틀리면 물건과 집기를 내동댕이쳐 부숴버리기 일쑤다. 고드윈은 그런 모습을 가만히 지켜보기만 한다. 그러면서 벨라는 점점 말도 행동도 정상(?)에 가까워진다.

대략 이 정도의 탄생 배경을 지닌 벨라가 '완전한 인간(?)'이 되어가면서 영화는 점점 황당무계한 방향으로 전개된다. 그게 이 영화의 주제이자 재미이다. 보는 내내 입안에 웃음을 야금야금 물게 하다가 갑자기 빵 터지게 만드는 흐름이 눈 뗄 틈 없게 만든다. 빅토리아 시대의 풍속뿐 아니라, 인간과 사회가 근본적으로 가지고 있는 허위와 모순의 체계를 풍자하고 까발리는 장면들이 연발하는데, 웃음 한번 터질 때마다 스트레스 수치가 뚝 떨어지는 걸 체감하게 될 수도 있다.

세상을 알고 나니 웃겨 죽을 것 같구나!

그 웃음은 일부러 웃기고자 보는 이의 호흡을 비틀어 당착에 맞닥뜨리게 하는 방식이 아니다. 현실 자체를 그저 적나라하게 보여주면서 그 안에 내재한 세계의 모순과 인간의 위선을 폭로하는 방식이다. 과거를 배경으로 현재를 짚으며 미래 인간과 사회의 모습을 풍자하는 장면들이 압권이다. 그러다 갑자기 진지하고 무거워진다. 벨라가 막 성인 여성의 몸과 의식을 갖추게 되면서 처음 탐닉하게 되는 건 남자와의 '뜨거운 뜀박질'이다. 굳이 설명 안 해도 어떤 행위인지 눈치챌 수 있을 거다.

부자이자 바람둥이 변호사 던컨 웨더번(마크 러팔로)이 벨라를 꾀어 포르투갈로 여행을 떠나면서 본격적인 이야기가 시작된다. 고드윈의 저택에서만 갇혀 살던 벨라로서는 일종의 성인식이자 첫 일탈인 셈이다. 던컨과의 '뜨거운 뜀박질'에 몰두하고 다종다양한 사람들과 대면하면서 벨라는 인간의 본질과 세계의 질서에 맞닥뜨리게 되는데, 그 방식이 갓 걸음마를 뗀 아이가 천방지축 뛰어노는 꼴이나 다름없다. 소위 '우다다놀이'에 빠진 아기 고양이를 연상케도 한다. 아, 유쾌하고 즐겁고 무대뽀인 이 아이를 세상은 어찌 받아들일꼬!

벨라가 이른바 '상류사회'의 매너와 법도를 아귀아귀 씹어 먹어대는 듯한 장면들도 통쾌하기 짝이 없다. 그저 '뜨거운 뜀박질 기술(?)'로 여성들을 희롱하는 걸 낙이자 자랑삼는 던컨은 바로 그 '뜨거운 뜀박질 기술(?)'로 벨라에게 호되게 당한다. 돈 많고 인물 좋고 학벌 좋은 남성들이 여성을 막 대하면서 대외적으로 예의와 명성을 챙기려 드는 모습은 한국에서도 흔하다. 그런 행태에 보기 좋게 '뻑큐!'를 날리는 모습에 여성 관객들은 크게 환호할 만도 할 법하다. 애정 문제에 관한 한, 그 어떤 점잖아 보이는 남성도 닭 쫓다가 지붕 쳐다보면서 침만 질질 흘리는 개처럼 변하게 되는 경우가 발생할 수도 있는 거니까.

닭 쫓던 개, 닭 울음소리로 울다.

개와 닭 얘기가 나온 김에 첨언 하나. 갓윈은 과도한 의학적 탐구로 정신병자 취급받는 인물이다. 그건 갓윈의 아버지 탓이 크다. 그의 아버지 역시 의사였는데 어린 시절 갓윈의 신체 일부를 절단하여 기형으로 만든 장본인이다. 갓윈의 외형은 프랑켄슈타인 박사가 만든 괴물의 모습과 거의 빼다 박았다. 원작 소설 역시 메리 셸리의 소설 『프랑켄슈타인』을 오마주하거나 풍자하는 요소들이 가득하다. 갓윈의 집에는 닭과 돼지, 개와 오리 등을 혼성 교배한 괴상한 동물들이 잔뜩 돌아다닌다. 마지막엔 등장인물 중 하나가 정말 닭처럼 변해 꼬꼬댁거리는 장면도 나온다. '닭 쫓던 개'란 속담이 안 떠오를 수 없는 판이다.

줄곧 우스꽝스럽기만 할 것 같던 영화는 후반부로 갈수록 진지하고 무거워진다. '뜨거운 뜀박질'의 본질을 알게 된 벨라가 또다시 몰두하게 되는 건 독서다. 영화 중

벨라가 읽는 책은 미국의 초절주의 사상가 랄프 왈도 에머슨과 스피노자 등이다(마지막 장면도 벨라가 독서하는 모습인데, 아무리 자세히 들여다봐도 검은 표지일 뿐, 저자도 제목도 적혀 있지 않다. 보기에 따라 이 역시 예민한 암시처럼 판단할 수도 있다). 영화 중반쯤, 벨라는 우연히 굶주려 죽는 아이들의 모습을 보고 대오각성한다. 던컨을 몰락케 하는 것도 이 사실과 관련 있다. 벨라는 처절하게 울부짖는다. 그리고 진짜 성인('成人'인 동시에 '聖人')이 된다. 그러면서 세계의 만연한 패악과 맞서게 된다. 두 시간여를 낄낄대면서 보다가 마지막에 눈물이 찬연하게 맺히는 걸 주체하기 힘들 수도 있을 것 같다.

## 벨라의 진짜 혈통은?

사족 삼아 반복건대, 이 작품은 원작도 영화도 메리 셸리와의 연관성을 떼어놓을 수 없다. 『프랑켄슈타인』은 서양 문학사에서 아직도 희귀한 걸작으로 통한다. 영화로도 여러 번 제작되었고, 아류도 무수하고 변용도 셀 수 없다. 메리 셸리는 영국의 낭만주의 시인 퍼시 비시 셸리의 아내였다. 그녀가 『프랑켄슈타인』을 쓰게 된 계기도 문학사에서 유명한 에피소드다. 메리 셸리의 아버지인 윌리엄 고드윈(앗 고드윈!?)은 당대 급진적인 아나키즘 사상가였고, 어머니는 페미니즘의 선구자라 불리는 메리 울스턴크래프트였다. 이쯤 되면 <가여운 것들>에서 전하고자 하는 메시지를 이 가계家系와 떼놓고 보기가 힘들 정도다. 선이든 악이든, 이념이든 행동이든 인간은 끊임없이 유전되는 일개 분자라는 사실 또한 덤으로 각성할 수 있다면, 공부해서 남 주자.

**가여운 것들** Poor Things 2023/18/2h 21m
**Director** Yorgos Lanthimos
**Writers** Tony McNamara·Alasdair Gray
**Stars** Emma Stone·Mark Ruffalo·Willem Dafoe

# "불편한 세계에 오신 걸 환영한다!"

인히어런트 바이스

Inherent Vice

사설탐정이 한국에서 법적 허가가 난 건 채 5년이 지나지 않았다. 어쩌면 그래서 아직도 영화나 소설 속에 등장하는 탐정이 신비스럽게 여겨지는 건지도 모른다. 셜록 홈즈나 필립 말로 같은 멋쟁이 탐정은 가상의 존재에 불과하다. 사립 탐정이 실제로 존재하는 미국이나 일본 등에서도 그러한지는 모르겠다. 셜록 홈즈는 머리가 비상한 신경증 환자이고 필립 말로는 삶의 풍파에 잔뜩 찌든, 페이소스와 아이러니가 뒤섞인 하드보일드 탐정의 전형이다.

뭐 이런 거지 같은 탐정이 다 있어?!

그 둘을 원본 삼은 캐릭터는 영화에서도 부지기수다. 코난 도일의 원작은 최근까지도 드라마 시리즈가 제작되어 큰 반향을 일으키기도 했다. 레이먼드 챈들러의 원작도 몇 차례 영화화됐는데, 로버트 알트만 감독의 <긴 이별>(1973)이 대표적이다. 폴 토마스 앤더슨의 <인히어런트 바이스>(2014)에선 그 영화의 영향이 짙게 풍긴다.

난해하고 방대하고 괴팍하기로 악명 높은 미국 소설가 토머스 핀천의 동명 원작을 바탕으로 제작된 이 영화는 핀천의 작품 분위기가 고스란히 배어있다. 스토리 전개는 난해하고, 어딘지 허무맹랑하게 방대하며, 괴팍한 유머와 풍자가 무시로 돌출한다. 1970년 LA가 배경이다. 마약에 찌든 사립 탐정 닥 스포텔로(호아킨 피닉스)에게 한 여인이 찾아오면서 이야기가 시작된다. 닥의 전 여자 친구였던 샤스타(캐서린 워터스턴)다. 그런데, 시작부터 뭔가 이상하다.

닥의 몰골은 괴이하다. 지저분하게 기른 머리와 양쪽 턱을 뒤덮은 구레나룻이 고릴라를 연상케 할 정도다. 그의 동료 같기도, 앙숙 같기도, 배후 조종자 같기도 한 LA 경찰국 강력반의 '빅풋' 비욘센(조쉬 브롤린)은 대놓고 '흰색 원숭이'라 부른다. 약에 취해 몽롱한 상태에서 맞이한 샤스타가 실재인지 환각인지 닥도, 보는 이도 알쏭달쏭하다. 샤스타가 닥에게 도움을 청한다. 자신의 현재 남자 친구인 부동산 갑부 마이클 울프만(에릭 로버츠)의 부인이 그녀의 정부와 함께 마이클을 정신병원에 수용시키려고 한다는 것이다. 그러곤 곧 샤스타가 실종된다. 그리고 마이클도 실종된다.

시작부터 괴이한 난맥상이다. 전 여자친구가 현 남자 친구를 위해 탐정인 전 남자 친구에게 사건을 의뢰한다는 설정부터 수상쩍긴 하지만, 그건 시작에 불과하다. 배배 꼬이고 복잡하게 얽히고설킨 인물과 사건의 배치도 끝엔 당시 미국 사회 전체의 교묘한 정치적 음모와 자본의 체스판이 나타난다. 마약과 탐정, 경찰과 범죄라는 기본 설정은 그 방대하고 난해한 지도의 첫 페이지를 들추는 탐조등에 불과하다. 영화는 토머스 핀천 특유의 과대망상적이고도 비非건축적인 이야기 축조 방식을 거의 그대로 따라간다.

## 약물 요정(?)이 알려주는 이야기

'약쟁이'가 주인공인 만큼, 그리고 당시 LA에 만연했던 약물 문화를 소재 삼은 만큼, 영화 또한 몽롱하기 짝이 없고, 시간 관계나 인물의 실재성 따위도 혼란스럽다. 소틸레지(조안나 뉴솜)라는 젊은 여성이 닥의 심리 상태와 사건의 개요를 설명하는 내레이터처럼 불쑥불쑥 등장하는데, 그녀 역시 닥의 환각이라는 걸 알아채는 데엔 긴 시간이 필요치 않다. 소틸레지는 닥의 시점에서만 가끔 실재처럼 등장(주로 닥의 자동차 조수석)하는, 요정처럼 재잘거리며 떠도는, 흡사 대마 연기와도 같은 존재일 뿐이다. 그렇기에 그녀는 닥의 수호천사이기도 하다. 소틸레지는 대체로 불온하고 음울하고 때론 역겨워질 수도 있는 내용을 판타지처럼 가볍게 윤활케 하는 역할도 한다. 사이키델릭한 변박으로 일관하는 영화의 리듬이 그래서 한결 경쾌해진다(부언컨대, 이 글의 제목 또한 소틸레지의 대사에서 따왔다).

영화는 닥의 의식 세계와 실제 사건이 겹으로 중첩되는 장면들이 많다. 그렇기에 보는 이 역시 이게 환각인지 현실인지 감 잡기 어려운 상황들과 자주 마주치게 된다. 두 시간 반 동안 뭔지 모를 안갯속에서 뚱딴지같은 괴물을 만났다가, 돌이켜보니 그게 평범하기 그지없는 사람인 걸 깨닫게 되는 것 같은 착종이 선득하다. 그런데, 또 그 평범해 보이던 사람이 어떤 거대한 정치적 음모와 연결된 인물이란 걸 알게 되면서 잠깐 빠져나갔던 얼이 되돌아와 정신 바짝 차리게도 만든다. 영화가 약에 쩐 인물의 의식 세계를 그대로 재현하고 있는 셈이다.

개성적인 탐정이 등장하는, 은밀한 범죄 커넥션을 극적으로 파헤치는 영화라 여겼다간 금세 관람을 포기하거나, 쌍욕이 터져 나올지도 모른다(한국 개봉 당시 총 관객 수가 296명이었다. 정식 개봉을 건너뛴 탓이다). 그럼에도 시선을 뗄 수 없게 만드는 건 일차적으론 배우들의 연기력 덕이다. 호아킨 피닉스(잘 알려졌다시피 부모가 히피 출신이다)는 히피 세대의 후줄근하고 순진하며 현실 도피적인 인물상을 맛깔스럽게 재연했다. 히피는 베트남 전쟁과 자본주의 경제 발전의 안티테제로 형성된 일종의 기형적 문화 현상이었다. 1980년대로 접어들면서 히피가 머리 자르고 정장을 갖춰 입으며 본격적인 자본주의 투사인 여피로 변신하게 되는데, 그때 마약을 대체해서 대중을 중독시키는 게 엔터테인먼트 산업을 비롯한 미디어다. 미디어는 당연히 정치적인 기제다. 영화 또한 그 녹을 받아먹으며 성장했다. <인히어런트 바이스>를 보면서 생각하게 되는 건 그 중독의 체계다.

## 약물 중독자의 뇌를 스캔하는 영화

중독은 마취와 각성을 동시에 불러일으킨다. 약이든 술이든 매한가지다. 약이나 술이 아니더라도 모든 문화 기제는 중독을 기반으로 삶에 침투한다. 중독은 가속력이 강하다. 한번 빠지면 시공이 남달라지고, 자신에 대해서나 세계에 대해서나 별다른 인식을 갖(은 것처럼 착각하)게 한다. 자본주의는 그러한 중독을 교묘하게 유발하

고 이용한다. 중독으로 유혹하면서 더 심한 중독을 제어
하여 대중의 삶을 전체적으로 컨트롤한다. 그 과정에서
이탈하거나 심하게 중독되거나 또는 중독을 거부하는 자
들은 저절로 배제되게 만든다. 거기서 떨어지는 이윤으
로 자본의 배를 더 불리고는 또 다른 중독의 매개를 대중
에게 전파한다. 예술과 학문과 종교, 광고와 정보 등이
모두 거기에 동원된다. 그 기묘하고 이율배반적인 체스
판 안에서 대중은 스스로를 환각 대상으로 삼거나, 환각
의 매개를 자기 자신이라 착각하게 된다. 토머스 핀천의
소설들이 항상 절묘하게 다루는 사항 중 하나다.

영화 후반에 다시 등장하는 샤스타는 '골든 팽'이라는
보트에 갇혀 있었다는 이야기를 하며 자신이 '교부이자',
즉 'Inherent Vice' 같은 존재였다고 말한다. 해상보험
에서 피할 수 없는 요소, 요컨대 초콜릿은 녹고, 유리는
깨진다는 사실만큼 특약 없인 보험금도 탈 수 없는 존재
라는 것. 알쏭달쏭하긴 하지만, 이 영화의 제목이 뜻하는
바를 일차적으로 암시한다고 볼 수 있다. 그런데 더 어원
적으로 밝히자면 이 영화의 핵심은 단어 그 자체로 설명
하는 게 더 적절할 듯싶다. 이를테면 '고유하게 내재하는
범죄'. 마약이나 개인적 일탈 행위를 뜻하는 게 아니라,
세계 자체, 보다 구체적으론 미국이라는 나라가 형성되
고 발전하게 된 과정에서 자연적으로 생성된 범죄적 요

소에 대한 탐색. 영화는 토머스 핀천의 작품들이 언제나 그랬듯 이 거대한 글로벌 세계의 중추에서 무슨 거대한 음모가 사람들을 조종하고 파괴시키는지 들여다보고 있다. 그 속은 참 무시무시하고 역겹고 살벌하지만, 그것의 겉은 참 세련되고 깔끔하고 친절하다. 그에 비하면 진화 덜 된 현대인 몰골로 이리 치이고 저리 치이는 닥은 얼마나 솔직하고 순결한가. 아니 솔직하지도 순진하지도 못해서 귀엽고도 멍청한 악마 같은가.

### '가장 확실한 중독은 아무것에도 중독되지 않는 것'이라고?

앞서 이 영화가 로버트 알트만의 <긴 이별>과 비슷하다고 말했었다. 그 영화에서 필립 말로로 분한 장신 배우 엘리엇 굴드의 몰골 또한 닥과 별반 다르지 않다. 커다란 체구에 덥수룩한 머리, 거칠고 빈정대는 듯한 말버릇 등 레이먼드 챈들러의 소설에서 상상하게 되는 우수에 차고 데카당스한 매력을 지닌 댄디 보이 필립 말로와는 거리가 멀다. 그래서 더 설득력 있고 정감 가는 캐릭터였다. 거기에 비하면 닥은 그보다 하위 버전(?)에 가깝다. 머리가 영특하지도 않고, 항상 약에 취해 비실대기만 하는 꼬락서니에 완력도 약해 보인다.

그럼에도 닥에겐 수호천사 소틸레지가 있다. 이성보다
는 야성, 합리보다는 본능에 더 충실한 그는 인간보다 짐
승에 더 가까워 보인다. 그렇기에 때로 보통 사람이 보지
못하는 것을 보고, 하지 못할 짓을 한다. 바로 그런 능력
으로 닥은 사건을 해결하고 향후 삶의 변화까지 아울러
보게 된다. 영화 마지막 장면. 샤스타가 닥의 어깨에 머
리를 기대고 있다. 어둡던 화면에 빛이 든다. 닥의 눈가
에 빛이 환하게 비친다. 과거와 미래, 그리고 현재가 한
얼굴에 겹친다. 시간의 어두운 바닷속에 뜬 등대 같다고
나 할까. 이 영화의 기술적, 내용적 핵심은 결국 중첩과
이중과 그로 인한 확대다. 인간에 대해서, 그리고 세계
에 대해서 영화는 겹으로 묶고 통으로 울리게 한다. 심란
했던 두 시간 반이 일순간 밝아진다. 이상한 사람이 나오
는 이상한 영화다. 그 이상함이 기꺼워 들여다보던 스마
트폰을 오랫동안 손에서 놓게 만드는 영화. '가장 확실한
중독은 아무것에도 중독되지 않는 것'이라고 누가 귓가
에 속삭인다. 영화 속 대사는 분명 아니다. 어라? 내게도
소틸레지가 생긴 건가.


**인히어런트 바이스** Inherent Vice 2014/18/2h 28m
**Director** Paul Thomas Anderson
**Writers** Paul Thomas Anderson·Thomas Pynchon
**Stars** Joaquin Phoenix·Josh Brolin·Owen Wilson

# '학교'에서 진짜 스승은 학생 자신이다

## 예언자

### Un prophète

감옥에 갇힌 범죄자가 어느 날 꿈을 꾼다. 그의 이름은 말릭(타하르 라힘). 교도소 전체를 좌지우지하는 코르시카 계 폭력 조직의 두목 루치아니(닐스 아르스트럽)의 급사 노릇을 하는 청년이다. 루치아니가 시키는 대로 커피를 타고 청소를 하는 등 잔심부름꾼에 불과하다. 총 6년 형을 선고받은 말릭은 가족도 없고, 출소 후 미래도 불투명하다. 꿈속에서 말릭은 어두운 도로를 달리고 있다. 문득 자동차 앞에 거대한 사슴 떼가 나타난다. 급브레이크를 밟는 순간, 차에 부딪친 사슴이 허공에 뜬다. 그리고 고통에 시달리는 사람의 얼굴이 그 위에 오버랩된다.

**왜 제목이 <예언자>일까?**

자크 오디아르 감독의 <예언자>(2009) 중 한 장면이다. 제62회 칸영화제 그랑프리를 수상한 작품이다. 여러 모로 극찬을 받았지만, 내용은 기존 갱스터 무비의 전개 방식과 크게 다를 게 없다. 감옥 안에서의 패권, 나아가 감옥 밖 어두운 갱들의 세계에서 벌어지는 배신과 밀약 과 음모가 복잡하게 얽혀있는, 그닥 새롭지 않은 줄거리 다. 하지만, 다 보고 나서 감흥은 짐짓 별다르다.

앞서 언급한 장면 역시 그저 말릭의 불안한 심리를 암 시하는 상투적인 장치에 불과할 수도 있다. 이 꿈을 꾼 다음 날, 말릭은 루치아니의 명을 받아(교도소장과 교도 관들도 모두 루치아니의 꼭두각시나 진배없다) 하루 동 안 외출 허가를 받고 파리에서 마르세유로 날아가 다른 폭력 조직의 보스와 협상을 하고 돌아와야 한다. 그러다 가 꿈에서 본 것과 거의 똑같은 일이 발생한다. 차 안에 서 보스의 의심과 위협에 시달리던 중, 사슴이 도로로 달 려 나와 차에 부딪히는 것이다. 사슴이 나타나기 직전, 말릭은 버럭 "동물이 나타나요!"라고 외친다.

사슴을 치어 죽인 자동차는 앞 유리가 박살 났으나 크 게 손상되지 않았다. 차에 타고 있던 조직원들이 길가 숲 속에 들어와 사슴을 사냥해 온다. 그러면서 말릭에 대한 보스의 의심이 다소 풀린다. "너 뭐야? 예언자야?" 이 영 화의 제목이 처음이자 마지막으로 언급되는 순간이다.

말릭은 루치아니가 시킨 일을 말끔히 완수한 후, 다시 비행기를 타고 파리의 감옥으로 돌아온다. 영화 중후반 10여 분 동안 벌어지는 일이다.

## 시키는 대로, 똑바로 죽여야 해!

<에언자>는 자크 오디아르의 출세작이다. 그는 이민자 문제 및 교육, 또는 비틀리고 상처받은 사람에 대한 영화를 줄곧 만들었다. 프랑스 및 유럽 전역에서 이민자와 난민 관련한 문제가 크게 대두되던 무렵이기도 했다. 법 제도의 불가피하거나 부조리한 측면과 그로 인해 소외된 자들의 암울한 세계를 주로 다루는데, 이 영화 이후 <러스트 앤 본>(2012)으로 한국에서도 인지도가 높아졌다.

말릭은 어릴 때부터 소년원에서 자랐다. 성인이 되면서 교도소로 이감되는데, 첫인상은 어수룩하기 그지없다. 아랍계이지만 무슬림도 아니다. 감옥은 루치아니 패거리가 이끄는 다수의 코르시카 계와 무슬림계, 그리고 이집트계 갱들이 줄곧 신경증을 벌이는 아수라나 다름없다. 감옥에서마저 말릭은 소외된 외톨이인 셈이다. 루치아니는 바로 그 점을 노린다. 갓 입소한 말릭에게 수감 중인 아랍계 남자 한 명을 죽이라는 명령을 내린다. 그의 호감을 얻어 접근한 뒤 면도칼로 경동맥을 그으라는 것인데,

조직원 한 명이 살해 방법을 레슨 하듯 자세하게 알려준다. 제대로 죽이지 않으면 말릭이 죽게 된다. 상대를 죽일 때까지 입에 면도칼을 물고 있어야 하는 상황.

그러나 둘이 독대하는 상황에서 살인은 계획한 대로 진행되지 않는다. 상대가 뜸을 들이는 사이, 면도칼을 입에 물고 있던 말릭의 입에서 피가 흐른다. 불안을 느낀 말릭이 자리를 뜨려는 순간, 살인은 계획한 것과는 완전 다른 방식으로 성공한다. 죽이긴 했지만, 루치아니 일당이 지시한 방식대로는 아니다. 영화 초반부에 일견 심상찮게, 작전(?) 짠 것보다 오히려 더 개연성 있게 발생한 돌발 상황이라 크게 눈여겨 두지 않게 되는 장면일 수도 있다. 그런데 이 장면이 이 영화의 전체적인 방향을 암시하고 있다는 건 뒤늦게 알게 된다.

## 문맹 청년, 감옥에서 세계와 인간을 공부하다

살인에 성공한 이후, 말릭은 루치아니의 신뢰와 의심을 동시에 받는다. 이른바, 시험에 드는 것이다. 감옥 안에서 누릴 수 있는 온갖 편의를 다 누리게 되면서 말릭은 점점 더 루치아니의 마수에서 벗어날 수 없게 된다. 이런 전개도 매우 낯익다. 결과적으론 둘의 대결로 압축될 수밖에 없을 거라는 예감은 기존 교도소 배경 갱스터 무비에서 숱하게 써먹은 설정이다. 루치아니는 말릭을 계속 이용해 먹으면서도 그가 언제 자신을 배신할지 떠보는 듯한 행위를 무시로 일삼는다. 주로 폭력에 의한 협박이다. 말릭은 꿋꿋이 참으며 루치아니의 급사 노릇을 군소리 없이 지속한다.

말릭은 감옥 안에서 언어를 비롯 경제학 공부까지 매진한다. 19살 애송이에서 세상 돌아가는 원리, 인간의 탐욕과 그것을 지배하는 본성 등을 깨닫게 되는 것이다. 말릭은 루치아니의 간교에 넘어가는 듯하면서 자신만의 방식으로 사람들을 이용하고 조종하는 방식을 터득한다. 그러면서 점점 배포가 커진다. 루치아니에게 모욕을 당한 어느 날 밤, 말릭은 침대에 누워 "개자식! 죽여버리고 말 거야"라며 이를 간다. 이쯤부터 영화의 결말이 어떤 방향으로 흘러갈지는 대략 감이 온다. 그리고 실제로 그렇게 된다. 19살 어수룩했던 청년 말릭은 전혀 다른 사람이 된다. 그리고 결국 만기 출소한다.

출소하는 날, 교도소 앞엔 그의 수하가 된 수십 명의 갱들이 고급 승용차를 몰고 와 말릭을 환영한다. 그리고 같이 수감되었다가 먼저 출소해 말릭의 일을 돕던 남자의 아내와 아이가 말릭과 한 가족이 되는 것을 암시하며 영화는 끝난다. 그녀의 남편은 고환암을 앓다가 말릭이 출소하기 전 사망했다. 항암치료를 거부한 그는 말릭에게 자기 가족을 보살펴달라는 부탁을 한다. 말릭이 루치아니를 최종적으로 몰락케 하는 일(이 역시 처음엔 루치아니의 지령이었다)에도 목숨 바쳐 동참한 사이였다.

### 짐승의 순수성으로 인간의 야수성과 맞서다

갱스터 영화치고는 묘하게 포근한 해피엔딩이다. 줄거리를 굳이 끝까지 나열한 건, 결말을 알고 나서 봐도 영화 자체의 밀도만으로도 충분히 두 시간 반을 집중할 수 있을 거라 여긴 까닭이다. 한 애송이가 조직에 빌붙다가 목숨을 건 도박 끝에 우두머리가 되는 영화는 거의 갱스터 무비의 공식처럼 유전되어 왔다. 박훈정 감독의 <신세계>(2013) 또한 그 맥락에서 크게 벗어나지 않는다. 그럼에도 <예언자>가 던지는 메시지는 보다 묵직하다.

다시, 자동차가 사슴을 로드킬하는 장면. 간혹 있을 수 있는 예지몽일 수도 있는 만큼, 사실적 개연성 차원에서 보자면 억지스러운 장식처럼 여겨질 수도 있다. 단지 사고를 예감한 것 너머의 암시적 메시지를 찾는 것 역시 과잉 해석일지 모른다. 허나, 영화를 전체적으로 돌이켜 봤을 때, 언뜻 불필요해 보이는 그 장면이 전해주는 여운은 사소하지 않다.

말릭은 처음에 겁도 많고 어수룩한 소년이었지만, 그렇기에 더 살벌한 현장에 무턱대고 발을 들여놓는 사슴과도 같은 존재다. 그런데 그 사슴이 스스로 손에 피를 묻히면서 차가운 야수로 변화한다. 사슴의 순수성이 포악한 야수의 간계를 이겨내는 과정엔 모종의 영적 순결함 같은 게 느껴진다. 성경에서 따온 듯한 몇 가지 디테일 때문만은 아니다. 이 영화는 갱스터 무비를 빙자한 일종의 성장 영화이기도 하다. 어린 시절 무학으로 떠돌던 말릭은 감옥 안에서 진정한 인생을 배운다. 살인과 배신과 음모와 짐승 같은 본능만 난무하는 곳에서 말릭은 자신이 누구이고, 어떻게 살아야 하고, 살면서 진정 추구해야 할 가치가 무엇인지 깨닫게 되는 것이다. 그러기 위해서 말릭은 모든 폭력과 비참을 스스로 감내해 낸다. 그런 점에서 루치아니는 그의 스승이자 밟고 나아가야 할 장애인 동시에, 삶의 궁극적 표본을 미리 제시해 준 거대한 벽이기도 했다. 말릭은 결국 혼자 힘으로 그것을 넘어서고 깨부수어 자신만의 삶을 쟁취한다.

## 스승의 그림자를 밟으면 어떻게 될까

첫 살인을 시도하면서 말릭이 루치아니 일당이 지도(?)했던 살해 방식을 그대로 실천하지 못했던 건 말릭 스스로가 모든 상황을 자신의 방식대로 타개할 수밖에 없다는 최초 암시가 된다. 말릭은 그때 이미 자신의 삶을 예견했던 것일 수 있다. 살인의 도덕적 의미와 마약 거래 및 온갖 불법은 결국 교도소(로 통칭되는 모든 제도)의 허울과 모순을 되짚어 보자는 감독의 의도였을지 모른다. 시쳇말로 감옥을 '학교'라 일컫지 않는가. 그 안의 모든 선생은 결국 제도의 함정이자 시험에 불과할 수 있다. 말릭은 그래서 자신도 모르게 '예언자'가 된다. 자신의 삶을 스스로 통제할 수 있는 사람만이 진정한 자신만의 미래를 열어 보일 수 있기 때문이다. 우리의 '학교'는 아직도 선생의 그림자조차 밟지 말라 이른다. 맞기도 틀리기도 한 말이다. 그림자를 밟으면 선생의 똘마니가 될 수도 있고, 선생의 그림자를 자신의 빛으로 지워버릴 수도 있기 때문이다. 선택 역시 학생의 몫. 장학금보다 자발적 파기를 통해 자신을 더 풍부하게 할 수 있는 자라면 학교는 정신병원에 불과할 때가 많다. 스스로를 예언하라.

예언자 Un prophète 2009/18/2h 35m
**Director** Jacques Audiard
**Writers** Thomas Bidegain·Jacques Audiard·Abdel Raouf Dafri
**Stars** Tahar Rahim·Niels Arestrup·Adel Bencherif

# 오직 사랑하는 자만이 멸망하지 않는다
## 산책하는 침략자
### 散歩する侵略者

일부 인류학자들의 주장에 따르면 인류는 이미 1970년 대부터 멸종 단계에 접어들었다. 한국에선 최근에서야 여기저기서 제기되는 '기후위기'와 연관된 측면이 크다. 과학적으로 측정된 여러 지표를 문제 삼으며 인류의 존립과 지구의 환경에 관해 얘기하는 것인데, 그 자체로 시급하고 위중한 주제가 아닐 수 없다. 그런데, 그런 문제를 논의하는 걸 보면서 항상 의문스러운 점이 있다. 인류는 왜 과학의 발달과 자본주의의 전 지구적 확장으로 발생한 문제를 '과학'과 '자본'에 기대어 해결하려 드는가, 하는 점이다.

### 왜 과학은 더 인류를 멸망케 하는가

인류의 진보를 이끌어온 데에 과학이 지대한 영향을 끼

쳤다는 건 부인할 수 없다. 18세기 이후 급진적으로 발전한 과학은 아주 짧은 시간에 인류의 생활 양태와 그로 인한 의식의 변화를 가능케 했다. 지금은 그 발전 단계의 시간적 폭이 갈수록 좁아지고, 빨라지고 있다. 한 세대를 거쳐야 할 문제가 두 세대 이상까지 아우르게 되면서 동시대 자체가 크게 분열하고 갈등하게 되는 요소로 작용하게도 되었다. 그런 점에서 세대나 계급, 경제적 부와 빈곤의 극단적 대치는 과학 발전의 속도에 못 미치는 인간 인식 또는 심리의 충돌이라는 관점에서 따져볼 여지도 다분하다. 구로사와 기요시 감독의 <산책하는 침략자>(2017)는 그것의 한 모델이 될 법한 영화다.

구로사와 기요시는 일본 내에서뿐 아니라, 국제적으로도 독특한 감독으로 평가받는다. 초창기 로망 포르노에서부터 호러, 멜로, 스릴러 등 기존 장르를 매개 삼아 자신만의 특출한 영화적 감각을 표출했는데, <산책하는 침략자>는 그의 필모그래피에서도 좀 더 특이한 영화라 할 수 있다. 신체 강탈 외계인이라는 SF영화의 오랜 클리셰를 바탕으로 호러와 블랙코미디, 누아르와 로맨스를 자유자재로 버무린 솜씨가 가히 '장인'스럽다 할 만하다. 심각할 수 있는 주제를 경쾌하게, 자칫 우스꽝스러울 수도 있을 장면을 심도 있게 우려내면서 130분을 충만하게 채운다.

영화는 구로사와 기요시 특유의 미스터리 스릴러 풍으로 시작한다. 어항 속의 금붕어가 나오고 돌연 어느 주택에서 토막살인 사건이 발생한다. 일가족 중 교복을 입은 소녀 하나만 피투성이가 되어 살아남는다. 외상은 없어 보인다. 소녀는 피 칠갑을 한 채 어느 좁은 국도를 무심하게 걷는다. 자동차들이 소녀를 피하려다 서로 충돌한다. 소녀는 아랑곳하지 않는다. 재미있다는 듯 입가에 미소마저 가득하다. 그러면서 오프닝 타이틀이 뜬다. 이거 무슨 영화지? 싶은 호기심을 당기기에 아주 효과적인 연출이다.

## 괴이한 감독, 스스로 장르가 되다

다음 장면, 한 젊은 부부가 병원에서 진찰 중이다. 평범한 직장인인 신지(마츠다 류헤이)와 광고 디자이너인 나루미(나가사와 마사미) 부부다. 신지의 상태가 이상하다. 외출했다 돌아와선 완전히 딴사람이 되어버렸다. 몸도 제대로 가누지 못할 뿐만 아니라, 자신이 누구인지도 모르고 아내도 못 알아본다. 나루미는 속이 끓어오른다. 시쳇말로 '진상' 클라이언트를 상대로 일을 따내야 하는 나루미는 자기 일을 감당하기도 벅찬 상태다. 신지는 걷는 법, 먹는 법뿐 아니라 언어부터 다시 배워야 할 상황. 나루미는 신지가 자신을 배신했다고 말할 정도다. 관계의 붕괴를 예감하지 않을 수 없다.

　또 한편, 주간지 기자 사쿠라이(하세가와 히로키)는 토막 살인 사건 현장에 취재차 갔다가 이상한 소년을 만난다. 대뜸 반말부터 해대는 이 소년의 이름은 아마노(타카스기 마히로). 토막 살인 사건에서 살아남아 경찰에 인계된 소녀를 같이 찾으러 가자고 한다. 소녀의 이름은 타치바나 아키라(츠네마츠 유리), 오프닝 장면에서 피칠갑으로 길을 걷던 바로 그 아이다. 얼떨결에 아마노와 동행하게 된 사쿠라이는 아마노로부터 자신과 타치바나가 외계인이라는 얘길 듣는다. 요는, 평범한 지구인의 몸속에 잠입했다는 것. 목적은 지구를 침략하기 위해서라나.

　누구라도 믿기 힘든 얘기다. 그럼에도 사쿠라이는 좋은 기삿거리라 여겨 아마노와 함께 타치바나를 찾게 되는데, 실로 믿을 수 없는 상황들이 계속 벌어지자 사쿠라이도 점점 아이들에게 동화되어 간다. 그건 신지 부부도 마찬가지. 신지는 어느 정도 지구인의 습성에 적응해 가면서 자신의 임무(?)에 충실하기 시작한다. 신지 역시 나루미에게 자신의 정체를 밝히나, 믿기 힘든 건 나루미도 마찬가지다. 그러다가 신지의 이상한 능력을 목격하면서 슬슬 신지의 편이 되어간다.

대략의 설정이 이러하다. 언뜻 보기에 초등학생에게나 먹힐 만한 만화 같은 얘기지만, 영화의 디테일들을 살피면 짐짓 숙고하게 만드는 요소들이 다분하다. 외계인이 돼버린 인물들은 지구인이 관습적으로 사용하는 언어에 대한 재점검을 유도한다. 가령, '나'와 '너'. '소유'와 '사랑' 등 사람이 익히 알고 있어 재고조차 않는 단어들의 기본 의미와 맥락을 새삼 따져 묻는 식이다. 인류 문명의 발달이 언어가 발명된 이후, 급격하게 빨라졌다는 건 주지의 사실이다. 그저 하나의 생명체였던 존재가 언어를 익히면서 인간으로 성장하게 된다는 것도 부언할 필요가 없다. 언어를 통해 인간은 사물이나 현상에 대한 개념을 익히고, 그것을 바탕으로 삶을 개진하게 된다.

그런데, 만약 어느 날 갑자기 언어의 규칙과 쓰임을 망각하게 된다면 인간은 어찌 되겠는가. 모든 게 혼란이자 최초로 되돌아가지 않겠는가. 그랬을 때 세계는 외려 더 적나라하게 그 진상을 드러내게 될 수도 있다. 사람과 사람 사이의 갈등, 집단과 집단 사이의 반목, 다른 생명체를 대하는 인간의 태도 등 모든 것이 언어를 기반하고 결국 또 다른 언어로 개념화되어 일정한 질서 체계를 갖추게 된다. 그런데 그 질서가 과연 온당하고 자연의 원리에 부합하는지는 여전히 의심스럽다. 인간의 질서에 의해 자연이 망가지고 지구가 병들어간다는 걸 뒤늦게 깨닫고선 지구를 살려야 한다고 외치는 말들이, 그 절박한 사정과 의미에도 불구하고, 때로 공허하게 들리는 건 바로 그런 연유다.

영화에서 외계인들은 지구 침략을 목적으로 지구인의 몸속에 잠입했다고 말한다. 왜 침략하려 하는지, 어떻게 지구인들을 몰살시키려 하는지에 대한 구체적인 답은 없다. 그러다 후반부에 이르면 지구를 침략하려는 자는 오히려 지구인들이고 인류를 몰살시키려 하는 자 역시 지구인들이라는 사실을 저절로 깨닫게 된다. 오래전부터 영화에서 외계인이란 설정은 대기권 바깥을 상상하여 거꾸로 발명해 낸 '자신의 안의 다른 존재'였다. 영화 속 외계인이 원생대의 생물이나 유인원과 흡사한 외형을 갖게 된 것도 인간이 상상할 수 있는 영역 안에서 관습적으로 디자인된 탓이다.

## 외계인은 '내 안의 다른 존재'다

<산책하는 침략자>는 바로 그러한 영화적 관습을 까발리고 뒤집어 버린다. 외계인은 지구인의 외형과 하등 다를 바 없다. 다만, 지구 바깥에서 지구를 바라보기에 지

구의 위기와 병폐를 전체적으로 통찰해 낼 뿐이다. 산속에선 산이 안 보이고 물속에선 바다를 아우를 수 없는 것과 같은 이치다. 그럼에도 사람들은 그 자신조차 지구 안의 생물에 불과하면서도, 때로 지구에 더 해로울 수 있는 지식과 기술로 지구를 진단하고 해부하려 한다. 그러한 행위는 빙하가 녹는다고 북극에다가 냉방기를 틀어놓는 식의 자가당착이 될 위험도 다분하다. 사람은 과연 지구를 위해 무엇부터 해야 할까.

섣불리 답을 내긴 어렵다. <산책하는 침략자> 역시 분명한 답은 내놓지 않는다. 그럼에도 영화의 막바지에 다다라 나도 모르게 눈물이 맺히는 건 그 어떤 언어적 해법보다 명확한 답이 아닐까 싶다. 이를테면 영화 속 외계인들이 사람을 감화시키는 방식 같은 것. 상대의 이마에 검지를 대면 갑자기 상대의 눈에서 눈물이 흐르며 순식간에 다른 인성으로 변한다. 영화가 실제로 그런 식으로 보는 이를 감화시키는 게 가히 놀랍고도 황망했다. 영화의 진짜 주인공은 신지를 비롯한 외계인들이 아니고, 다름 아닌 나루미라 보는 게 타당하다. "온 인류를 사랑하는 건 쉽다. 그러나 자신 곁에 있는 사람을 사랑하는 건 정말 어렵다." 도스토옙스키가 한 말이다. 영화를 보고 새삼 떠올랐기에 첨언한다.

**산책하는 침략자** 散歩する侵略者Before We Vanish 2017/15/2h 9m
**Director** Kiyoshi Kurosawa
**Writers** Tomohiro Maekawa·Kiyoshi Kurosawa·Sachiko
Tanaka
**Stars** Masami Nagasawa·Ryuhei Matsuda·Hiroki Hasegawa

# 외계인은 왜 지구인의 태아처럼 생겼을까?

싸인

Signs

논밭의 작물들이 일정 방향으로 누워 멀리서 보면 특별한 문양처럼 보이는 현상. 흔히 미스터리 서클이라 불리는 그 현상의 정확한 명칭은 '크롭Crop 서클'이다. 곡물이 만들어낸 원이라는 뜻. 과학적으로 의견이 분분한데, 인간이 인위적으로 만들어낼 수도 있다는 실험은 여러 차례 성공했었다. 하지만 그것을 초자연적인 현상, 나아가 외계인의 소행이라 믿는 사람도 여전히 많다.

## 저 거대한 원은 누구의 소행인가

인도계 미국인 감독 M. 나이트 샤말란은 데뷔작 <식스 센스>(1999)에서부터 인간 및 세계가 가지고 있는 초자연적 현상과 능력에 대해 줄기차게 탐닉하고 있는 감독이다. <식스 센스>이후 발표한 <언브레이커블>(2000)

이 사람이 가지고 있는 초능력에 대한 탐구였다면, 2년 후 개봉한 <싸인>(2002)은 자연 혹은 우주가 일으키는 괴이한 변이를 다루고 있는 영화다. 그 시작이 크롭 서클이다.

전직 신부였던 그레이엄 헤스(멜 깁슨)는 아내가 자동차 사고로 사망한 뒤, 신앙을 버린 상태다. 그는 펜실베이니아 주 외곽 벅스 카운티의 농가에 아들 모건(로리 컬킨)과 딸 보(아비게일 브레스린), 그리고 전직 마이너리그 야구 선수였던 동생 메릴(호아킨 피닉스)과 함께 조용히 살고 있다. 어느 날 그의 옥수수밭에 기이한 현상이 발생한다. 옥수수들이 일정한 방향으로 누워 엄청난 크기의 크롭 서클을 그려낸 것이다. 그러면서 혼란스러운 일들이 연이어 발생한다.

공포에 질린 개가 오줌을 지리다 못해 딸 보를 공격하다 모건이 휘두른 농기구에 찔려 죽는다. 고립된 외딴 농가에 불길한 기운이 감돌기 시작한다. 보는 연신 물맛이 이상하다며 집안 곳곳에 물을 따른 컵을 놓아둔다. TV에선 전 세계적으로 외계인의 공격이 시작됐다고 요란법석이다. 그래도 아이들은 천진난만하게 사태를 '구경'한다. 모건은 UFO와 외계인에 관한 서적을 뒤적이며 아빠와 삼촌에게 현재 벌어지고 있는 상황에 관해 설명(?)한다. 모건은 만성 천식에 시달리는 탓에 호흡기를 달고 산다. 삼촌 메릴은 아이들과 다를 바 없이 천진난만한 구석이 있고, 아빠 그레이엄은 혼란에 빠진 채 기묘한 슬픔마저 느낀다.

## 신앙을 버린 신부, 하늘의 심판에 직면하다?

그러다 실제로 외계인이 집을 습격하려는 징후가 포착된다. 그레이엄과 메릴이 추적에 나섰지만, 외계인은 슬쩍 흔적만 보인 채 3미터 높이의 지붕 위로 달아난다. 그레이엄과 메릴은 집에 있는 모든 문과 창에 판자를 덧대 틀어막는다. TV에선 외계인의 침공을 시시각각 생중계 중이다. 그레이엄은 TV를 끈다. 이 모든 상황이 실제로 벌어지고 있는지, 아니면 TV를 비롯해, 인간이 만들어 낸 모든 시스템이 일시에 조작해 낸 엉터리 허구인지 판단이 서지 않는다. 하지만 외계인을 처음 목격한 건 자기 자신이다. 아내가 사망하던 당시의 정황의 그레이엄의 뇌리를 자주 스쳐 지난다.

아내는 이웃에 사는 수의사 레이(나이트 샤말란)가 졸음운전을 하다가 충돌을 일으켜 트럭에 끼인 채 사망했었다. 트럭에 끼여 상반신과 하반신이 거의 분리되다시피 한 상태에서도 아내는 그레이엄에게 알쏭달쏭한 유언을 남겼다. "메릴에게 제대로 휘두르라고 전해달라" 그 말이 뭘 의미하는지는 영화 막판에 드러나지만, 그레이엄은 아내의 죽음과 외계인의 습격이 무슨 연관이 있는지 알 수 없다. 그는 식사 전 기도마저 거부하고 경찰에게 자신을 '신부님'이라 부르지 말아 달라고까지 한다. 이쯤 되면 신앙을 버린 자로써 하늘의 심판을 맞닥뜨린 건 아닌지 자문할 법도 하다. 그러나 그레이엄은 끝내 하느님을 찾지 않는다. 그럼에도 종국엔 아내의 알쏭달쏭한 유언이 그대로 들어맞는 일이 벌어지면서 모건을 납치하려던 외계인을 퇴치한다. 방송도 조용해진다. 사태 완결. 영화는 그렇게 조용하나 기이하게 시작했다가 고요하게 이글거리는 긴장을 한층 드높였다가 평온하게 끝난다.

평가는 극과 극으로 갈렸다. 혹평을 한 부류는 전개가 지루하고 외계인에 대한 과학적 근거가 빈약한 상태에서 지구 침공의 명분이 허황하다는 이유를 든다. 영화에서 외계인의 침공 이유는 지구인을 납치하려는 것이었다. 하지만 물에 취약(지구와 사람은 70퍼센트가 물로 구성되어 있다)하고 야구 방망이 몇 방으로 괴멸하는 외계인이라는 게 어이없는 설정이라는 거다. 반면에 신앙 회복과 가족관계의 정립이라는 주제 차원에서 호평하는 쪽도 만만찮았다. 내 입장을 질러 말하자면, 두 편의 입장 모두 아울러 좋은 영화였다.

## 과학과 신앙, 현실과 상상은 과연 양립 불가능인가

과학적 근거와 사실만 가지고 모든 허구를 재단하는 건 과학과 허구 양쪽을 전부 호도하게 될 수도 있다. 과학도 기본적으론 상상의 산물이다. 상상을 구체적 실험과 객관적 법칙을 적용하여 사실로서 증명하는 게 과학의 일이다. 인류가 과학을 발전시키는 데에 상상은 일차적 동인이다. 그러던 것이 중세 이후 데카르트식의 합리적 이성과 산업혁명 이후 서구에서 급격히 몰아친 기술 과학 발전은 상상의 기본 씨앗을 짓밟은 채 도그마처럼 굳어버린 과학적 법칙을 맹종하는 상황이 되어버렸다. 인간의 이성으로 확립한 과학적 법칙을 도외시하거나 거기에 반하는 현상들을 모두 미신이나 종교적 맹신이라 치부하게 된 것이다.

그런 점에서 크롭 서클에 대한 과학적 증명도 여러모로 미온하다. 인위적으로 만들어낼 수 있다는 결론은 여러 차례 실험을 통해 확인된 일면적 사실에 불과할 수도 있다. 그럼으로써 외계인의 소행이라는 의견들을 일축하게 되는데, 그 역시 완전한 해명인지는 의문이다. 애초에 그걸 만들어낸 어떤 현상들이 이미 존재했었고, 이러저러

한 실험을 통해 그 현상을 실제로 재현한 것이랄 수도 있
는 것이다. 그렇다면 그것이 최초에 발견됐을 땐 어땠을까.

기록에 따르면 1678년 영국에서 일어난 '풀 베는 악마
사건The Mowing-Devil'이 최초였다. 밤에 갑자기 불빛이 번
쩍하고 일어난 다음 날 아침, 논에 심어둔 귀리가 3분의
1이나 털렸다는 사실을 팸플릿으로 뿌려 알려진 사건이
다. 어쩌면 그 훨씬 이전에도 지구 어디에선가 발생했는
지도 모를 일이다. 두 번째로 발견된 건 1946년 역시 영
국에서였다. 확인되지 않은 현상들이 더 많을지도 모르
는 상황에서 이후 발생한 흔적들을 연구하고 그 패턴과
양상을 실험해 인위적으로 만들어낼 수도 있다는 사실이
증명되었을 뿐이다. 단지 그게 그 현상의 정확한 인과라
는 건 과연 확실한 결론일까. 답을 내리긴 어렵다. 초자
연적 현상에 관심이 많은 서태지가 2008년 충청남도 보
령에 앨범 홍보용으로 만든 적도 있었다는 사실만 여담
삼아 부언한다.

### 우주는 광대하고 지구는 늘 새로워야 한다

현대인들은 대개 과학적으로 증명된 사실들을 믿고 따
르는 경향이 강하다. 실생활에서 기술 과학의 결과물로
제공된 편의 시설 없이는 살 수 없는 세상이 되어 버린

지도 오래다. 그럼에도 세상엔 인간의 이성으로 파악하
거나 진단할 수 없는 현상들이 여전히 많다. 일일이 열거
하지는 않겠다. 어떤 목회자는 성경에 나온 여러 기적적
인 현상들을 현대의 언어로 주석 달고 해석하려 하면 도
저히 납득할 수 없는 경우가 허다하다고 고백한 적 있다.
그런 사람들은 초자연적 현상을 터부시하지 않는다. 과
학 발전, 정확히 말해 직선적인 시간관을 가진 기술적 유
물론 혹은 다윈식의 진화론이 현대 과학 문명의 초석이
되었지만, 그로 인해 오인되거나 방기되는 자연 또는 인
간의 신비적 현상은 여전히 존재한다. 20여 년 전에 화
두를 던진 <싸인>을 새삼 곱씹게 된 건 그런 이유다. 그
래서 호불호를 떠나 그 중간 지점에 내 의견을 슬쩍 내려
놓는 것이다.

　어떤 정답을 내놓을 요량은 없다. 그저 한번 되짚어 보
고자 하는 사항일 뿐이다. 그러면서 하나의 의문을 또 던
져 본다. 상상으로 그린 것이든, 실제로 외계인과 접촉했
다는 사람들의 증언을 통해서건, 인간이 그려내는 외계
인의 형태는 대개 엇비슷하다. 파충류와 인간의 중간 단
계거나 유인원의 초기 모습이거나 몸에 비늘이 있는 직
립형 생물. 어째 볼 때마다 태아나 털이 생기기 전의 인
간의 원형 같은 느낌이 들지 않는가. <싸인>에서 그레이
엄이 외계인의 위협을 받는 동안 모건과 보에게 그들이

태어날 당시 상황에 관해 얘기하는 장면이 있다. 굳이 그 상황에서 왜 그랬을까. 그리고 아이들을 낳은 아내의 유언이 외계인을 퇴치하는 결정적 힌트가 되는 건 무슨 연유일까. 어쩌면 지구의 모든 생명은 결국 외계의 어떤 원자가 돌고 돌다가 잠깐 자리 잡은 우주의 작은 씨앗, 그리하여 더 깊은 뜻을 헤아려 보라는 광대한 신호Sign라는 의미는 아닐까, 라고 한번 생각해 본다. 그렇다면 그레이엄은 외계인에 맞서 아이들의 탄생 설화를 얼결에 털어놓은 셈. 우주는 새삼 광대하고, 지구는 새삼 신비롭다.

뱀 꼬리: <싸인>에서 TV는 굉장히 중요한 소품이다. 외계인 침공을 생중계하는 장면은 그 모든 게 인간이 만들어낸 통제나 조작의 일각일 수 있다는 함의로 받아들일 여지도 충분하다. 하지만 그보다 더 의미심장한 건 실체가 아닌 반사체를 보여준다는 점이다. 그레이엄에 집에 침입한 외계인은 꺼져 있는 브라운관을 통해 등장한다. 그리고 보가 물을 담아놓은 유리컵을 통해 형체가 선연해진다. 인간이 발명한 모든 반사체는 결국 인간의 이성을 배반한다. 나는 이 영화가 던지는 더 중요한 메시지가 여기 있다고 본다.

**싸인** Signs 2002 12 1h 46m **Director** M. Night Shyamalan
**Writer** M. Night Shyamalan
**Stars** Mel Gibson·Joaquin Phoenix·Rory Culkin

# 인류는 변태變態하노니,
# 새로운 사랑을 발명하라!

티탄

Titane

프랑스의 여성 감독 쥘리아 뒤쿠르노의 영화 <티탄>(2021)은 여러모로 충격적인 영화라 할 수 있다. 아주 상투적인 감상이지만, 달리 표현하는 게 별로 탐탁지도, 적확하지도 않을 정도다. 관객의 일반적인 평가가 대체로 그러하고, 영화적인 표현 방식이나 이야기 전개도 그러하다. 역겹다거나, 어이없다거나, 도통 이해할 수 없다거나 하는 등의 반응도 그 '충격'에 대한 나름의 판단에서 나오는 것일 게다. 74회 칸영화제에서 황금종려상을 수상했다는 것도 누군가에겐 충격일 수 있을 사실이다. 도대체 어떤 충격일까?

## 기계를 이식한 몸, 몸이 된 기계

요즘 사람들에게 웬만한 시각적 충격이나 선정성 따위

는 만성이 된 지 오래다. 스마트폰이 일상화되면서 SNS
나 유튜브 등을 통해 접속하게 되는 정보들은 인간이 감
당할 수 있는 감각의 극단을 끊임없이 자극한다. 그런 것
들에 비해 영화는 한물간 느낌이 드는 것도 무리가 아니
다. 사람들은 더 심한 물리적 자극과 그로 인한 해소를
요구하게 되는데, 비단 감각적 쾌락 차원만은 아니다. 심
리적 욕구 충족이나 분출, 스트레스 또는 (정치적?)판단
의 옳고 그름에 대해서마저도 기계에 의존하게 된 상태
다. 기계가 또 하나의 몸이 됐다는 말도 이제 식상하지
않은가.

 사람의 감정 또한 그렇게 자극받고 새롭게 '형성'된다.
<티탄>은 현재 인간의 그러한 존재 양태를 때론 현란하
게, 때론 암울하게, 또 때론 파격적으로 진단하는 영화
다. 영상의 화려한 만큼 메시지는 묵직하고, 비틀린 인물
들의 엽기적 행각만큼 주제는 선동적이다. 그러면서 동
시에 애절하다. 영화를 보고 나서 최종적으로 남은 감정
은 그 애절함이다. 무엇에 대한 애절함이냐면 결국 사람
이 다른 존재를 사랑하는 방식과, 그것의 영원한 불가능
성, 또 그렇기에 더 간절해지는 사랑에 대한 애절함이라
고나 말하겠다. 그 어떤 표현의 과격함보다 그 애절함이
더 폭력적으로 느껴질 수도 있다는 건 별다른 감흥이다.

어릴 때 아버지와 차를 타고 가다가 교통사고를 당한 알렉시아(아가트 루셀)는 뇌에 티타늄을 심은 채 어른이 된다. 모터쇼의 댄서로 활동하며 남성들에게 인기 절정이다. 알렉시아는 무뚝뚝하고 까칠한 성격이다. 어릴 적 사고 이후 부모와는 줄곧 냉전 상태. 집적대는 남성들에게 무분별한 분노마저 느낀다. 결국 알렉시아는 내재된 폭력 충동을 폭발시키며 연쇄살인범이 된다. 살해 방식은 늘 머리에 꽂고 다니는 비녀 등 주로 뾰족한 금속 재질이다. 알렉시아에겐 자동차(로 대표되는 기계)애착증이 있다. 경찰에 쫓기던 알렉시아는 변신을 꾀하는데, 애정없는 난교를 일삼다가 임신한 상태다.

## 새로운 '예수'는 왜 이토록 폭력적인가

마침 소방구급대 대장 뱅상(뱅상 랭동)이 10년 전 잃어버린 아들을 애타게 찾고 있다. 알렉시아는 뱅상의 아들을 자처한다. 여성으로서의 정체성과 친부모(집에 불을 질러 살해했다)로부터 물려받은 사회적 역할마저 내동댕이치는 거다. 뱅상은 단단하고 강인한 남자지만, 밤마다 스스로 엉덩이에 주사를 놓아야 할 만큼 병든 상태다. 그런 뱅상에게 알렉시아는 구원이나 마찬가지, 알렉시아는 끝끝내 자신을 숨기며 뱅상의 아들 아드리앵이 된다. 그 과정에서 둘 사이에 드러나는 갈등은 사랑의 밀도에 정비례해 사뭇 폭력적이다.

 뱅상은 알렉시아/아드리앵을 자신의 소방구급대에 합류시킨다. 대원들에게 아들을 소개하며 자신이 대장이니 아들은 '예수'라 일컫는다. 단순한 농담이 아니라 명백한 성경 비틀기라는 사실은 영화를 다 보고 나서 환기된다. '예수가 백인 게이였군'이라며 빈정대는 대원도 있는데, 이 영화를 보는 사람 중 일부는 비슷한 생각을 할 수도 있을 거라는 자각 역시 영화를 다 보고 나서다. 이 또한 사회적 젠더 규정이나 그로 인한 편견과 억압을 풍자한다고 볼 수 있다. 영화는 이토록 함의가 다양하고 전복적이다.

 알렉시아/아드리엥은 스스로 남성을 선택하면서도 임신한 상태이다. 그 사실을 뱅상에게 들키지 않으려 끝내 애쓰지만, 점점 불러오는 배를 감추기는 힘들다. 붕대로 배를 꼭꼭 동여매고 가슴을 숨기려 해도 한집에 사는 아버지를 완전히 속이기는 어려운 노릇이다. 그런데, 뱅상은 알렉시아/아드리앵이 자기 아들이라는 사실을 추호도 의심하지 않는다. 되레 그래서 뱅상이 그(녀)가 원래 자기 아들이 아니라는 걸 미리 알고 있었다는 확증이 생겨난다. 나아가 뱅상은 그(녀)가 보통 사람과는 분명 다른 존재라는 것도 알고 있는 눈치다. 그러나 둘은 아무것도 사실 그대로 얘기하지 않는다.

"내 아들에 대해 아무 말도 하지 마!"

의심을 품은 대원 하나가 그(녀)의 수상함을 눈치채고 뱅상에게 말을 거는 장면이 있다. 뱅상은 대뜸 뿌리치며 화낸다. "내 아들에 대해서 아무 말도 하지 마!" 아들의 실종은 뱅상에겐 오랜 결핍이자 그리움이었다. 그 아들이 죽었는지 살아 있는지, 10년 만에 자신의 아들이라고 하늘에서 뚝 떨어지듯 나타난 존재가 정말 자기 아들이 맞는지 따윈 그에게 중요하지 않다. 뱅상에게 중요한 건 그저 자신의 결핍을 채워줄 '아들'이라는 존재다. 그게 누구인지, 무슨 존재인지 따지는 건 아무 의미 없다.

일종의 대체물이랄 수도 있고, 억지로 메운 괄호(?)라고도 할 수 있다. 그러나 그게 무슨 상관인가. 뱅상의 태도를 보면 아들이 공룡이나 호랑이 새끼였어도 품을 수 있을 것만 같을 정도다. 그야말로 맹목이다. 그런데 그 맹목이 괴이한 설득력을 발휘한다. 나아가 그게 로봇이거나 자동차라면 어땠을까 싶은 상상도 하게 된다. 물론 이것은 알렉시아/아드리앵이 종국에 벌이게 되는 엽기적 성행위를 목도한 후의 감상이다. 뱅상은 그저 자신의 오랜 구멍(?)을 메워줄 유일무이한 존재를 온몸 바쳐 사

랑할 뿐이다. 그러니 결국, 뱅상에게 아들은 '예수'인 게
맞다.

　명백한 사실보다 더 확실한 진실은 자신의 믿음과 애정
에 의한 것일 경우가 많다. 그럴 때 사실은 오도되고 왜
곡되지만, 인간이라는 존재 자체가 워낙 믿고 싶은 대로
믿는 속성이 강하고, 사랑과 관련해선 더 심하다. 그건
인간이 기본적으로 지닌 오류이자 결점이지만, 그로 인
해 또 누군가 혹은 어느 경우엔 그 믿음과 사랑으로 더
강력한 힘을 발휘하게 되는 것도 사실이다. 그게 종교의
괴력이다. <티탄>은 그 '괴력'에 대해 그 어떤 판단도 하
지 않는다. 그저 보여주고 까발릴 뿐이다.

### 새로운 신의 탄생을 축도하라!

　영화 초반 모터쇼 장면에 인상적인, 그러나 이제 와 새
삼스러운 것도 없는 대사가 있다. 요란한 색상과 디자인
의 자동차들 위에서 역시 요란하고 다양한 복장의 여성
댄서들이 춤을 추는 장면. 모터쇼가 늘 그렇듯 남성들을
위한 관음 무대다. 화염처럼 노랗고 벌건 캐딜락 위에서
알렉시아는 명백하게 성행위를 연상케 하는 춤을 춘다.
다른 댄서들도 마찬가지다. 이때, 한 젊은 남성이 댄서에
게 손을 댄다. 커다란 덩치의 경비원이 대뜸 제지하며 말

한다. "눈으로만 만지시오!" 실물임에도 눈으로만 만져야 할 것들 천지인 세상이다. 반대로, 눈으로는 분명한데 결코 실물로서 대할 수 없는 존재들이 넘쳐난다. 오래전엔 신이 그런 존재였을 것이나, 지금은 다양한 영상과 소리의 형태로 떠다니는 존재들이 신을 대체한다. 그것이 진짜건 가짜건 그저 부유하며 시선을 잠식하면서 실제 감각들을 혼용시킨다. 경배도 경멸도 동시적이고, 환멸과 경외도 불꽃처럼 명멸한다. 그러다가 결국 새로운 거대한 신, Titan이 탄생한다.

몸속에 기계를 이식한 새로운 신, 그리고 그것을 낳고 받아내는 상처투성이 인간들. 사랑은 늘 인간의 가장 큰 골칫거리다. 그렇기에 사랑엔 언제나 폭력과 피가 공존한다. 핏줄이 진동하지 않으면 사랑은 '발생'하지 않는다. 그 '발생'이 인위적인 것들의 총합으로 나타날 때 그것은 일종의 새로운 '발명'이 된다. 눈으로만 만져야 할 것을 온몸을 다해 받아내며 충돌을 일으키는 새로운 사랑. <티탄>은 결국 인간 본질에 대한 차가운 투시로 일관하는 영화다. 기계 없이 살 수 없게 된 인간은 이내 기계와 교미해 새로운 종으로 변태變態한다. <티탄>이 전해주는 충격은 바로 거기에 있다. 사랑이라는 유구하고 익숙한 테마가 이토록 역겹고 낯설어지니, 그 또한 새롭지 아니한가. 아멘.

티탄 Titane 2021/18/1h 48m
**Director** Julia Ducournau
**Writer** Julia Ducournau
**Stars** Vincent Lindon·Agathe Rousselle·Garance Marillier

# 인간은 기계를 만들고 기계에 먹히며 기계를 먹는다

## 미래의 범죄들

Crimes of the Future

신체적 고통은 살아 있는 인간에게 가장 큰 문젯거리다. 고통을 자각하는 건 동물도 마찬가지이지만, 인간의 뇌는 물리적 고통에 의해 자신의 정체성과 세계 구조 사이의 연결성을 의식하게 만든다는 점에서, 보다 치명적이다. 동물은 고통에 즉물적으로 반응하다가 극에 달하면 죽을 뿐이다. 하지만 인간은 고통을 없애거나 최소화하기 위한 노력을 끊임없이 강구해왔다. 그래서 고통이 완화되거나 사라지기도 하지만, 다른 방식으로 전이되기도 한다.

### 기계와 섞여 변형되는 인간의 몸

신체의 고통은 몸을 가지고 태어난 모든 만물에게 불가피하다. 바이러스나 병원체에 의해서든, 사고에 의해서

든, 또는 애초에 몸이 지닌 자기 재구성 과정의 한 방식
으로든 고통은 상시적이다. 고통에 대한 불안이나 암시
는 정신적 스트레스로도 이어진다. 병에 걸리지나 않을
까, 혹은 사고나 자연재해에 희생되지 않을까 하는 불안
은 삶의 기본 전제마저 되짚게 만들기도 한다. 그에 대한
대처 능력을 마련하려는 것 자체가 때로 더 큰 고통을 생
산하기도 한다. 고통은 삶의 기본 조건과도 같다. 그래서
고통은 모든 철학과 과학의 주요 전제가 된다. 데이비드
크로넨버그는 그로 인해 변형되는 인간의 물리적 형질
및 신체와 기계 문명 사이의 기묘한 접합 또는 분열 양상
에 대해 줄곧 탐구해 온 감독이다.

그의 영화는 짐짓 뚱딴지같으면서도 초지일관하는 면
이 있다. 작품 대부분이 SF나 B급 호러 사이 어디에선가
혼자만의 괴이한 공간과 물질(특히 인체)을 창조해 낸다
는 점에서 전형적인 SF나 호러 전문 감독이라고 꼬집어
말할 수도 없다. B급 호러의 형식을 취한 초기 작품들도
특유의 신체 변형과 기계 문명의 뒤틀린 비전을 독특하
게 뒤섞은 묵직한 메시지로 독창성을 드러냈었다. 그리
고 그 괴이한 독창성이 온갖 편견과 숭앙의 갈림길이 되
었다. "내 영화가 난해하다고? 이 사람아, 세상이 더 난
해해!"라며 느긋하고 건조하게, 옆구리 쿡쿡 찌르는 듯
한 일침을 나로선 꽤 즐기는 편이다.

그중 <크래시>(1996)는 내게 아직도 각별하게 남아있
다. 크로넨버그가 영국의 소설가 제임스 G. 발라드의 문
제작(1973년에 초판이 나왔다)을 그대로 영상에 옮긴 작
품이다. 소설이 발표됐을 때도, 영화가 개봉됐을 때도 극
심한 논란이 일었다. 역겹고 비틀리고 왜곡된 성 관념으
로 인간을 모욕하는 작품이라는 악평도 드셌다. 결국 엽
기적인 포르노그래피에 불과하지 않겠냐는 비난인 것인
데, 영화화되기 직전 제임스 발라드는 이런 발언을 했다.

"나는 『크래시』 도처에서 자동차를 하나의 성적 이미지로써 현대 사회의 삶
에 대한 총체적 은유로 사용하였다. 따라서 이 소설은 성적 내용과는 별도로
꽤나 정치적 역할을 수행한다. 그래도 나는 여전히 『크래시』가 테크놀로지를
근간으로 한 최초의 포르노그래피 소설이라 여기고 싶다. 어떻게 보면, 포르
노그래피는 가장 옥죄고 무자비한 방식으로 인간이 서로가 서로를 어떻게 이
용하고 착취하는지를 다룬 가장 정치적 형태의 소설이기 때문이다."

-『크래시』(제임스 발라드, 김미정 옮김, 그책, 2011) '들어가는 말'에서

50년 전에 쓰인 원작 소설과, 30년 전에 만들어진 영
화. 자동차와 섹스하며 기존 도덕률을 무참할 정도로 까
뭉개는 그 작품의 강렬도는 여전히 유효하고 치명적이
다. 남녀가 대놓고 보란 듯 벌거벗은 채 살을 섞는 영상
은 이제 포르노그래피 축에도 못 낀다. 세계의 모든 사건
과 사고를 전하면서 서로를 "이용"하고 "착취"하는 가상

시스템의 전파력 자체가 무엇보다 농밀한 포르노그래피의 전시장인 것이다. 정치가, 언론이, 그리고 그 모두를 아우른 테크놀로지의 이념이 현재 그러하다. <크래시>는 그렇게 벌어지고 깨진 '틈'을 훤히 들여다보라고 쓰이고 만들어진 작품이다.

오래전부터 인간은 포르노그래피의 노예였다. 포르노그래피는 의외로 모든 걸 보여주지 않는다. 보지 말라고 눈 감게 하거나, 듣지 말라고 귀를 막는 게 포르노그래피의 진짜 목적이다. 내가 나임을, 그리고 당신이 당신 자신을 분명히 깨닫게 되는 순간, 망념의 쇼가 끝나고 진짜 인생이 시작될 테니까. 진짜 인생이 가득해지면 가짜로 꿀을 바르고 가짜로 피를 바른 것 앞에서 당신의 욕망은 세상의 '진짜'를 알려고 들 테니까. 그때, 세상은 멸망한다. 가치 판단은 없다. 멸망은 여전히 '근미래'다. 가깝지만, 아직 알 수 없는 미래. 이미 세상은 미래마저 잡아먹고 있다.

그런 의미에서 크로넨버그는 집요하고 줄기차다. 인간의 육체와 인간이 만들어낸 기계를 뒤섞은 그만의 독특한 과학적이고도 묵시록적인 은유 체계가 <미래의 범죄들>로 향했다고 할 수 있다. 인간 진화의 끝. 이 영화는 그가 평생(벌써 여든을 훌쩍 넘겼다) 만들었던 영화의 종합판으로 여겨진다.

## 노년 거장, 자신의 작품들을 종합하다

2022년 칸영화제 경쟁 부문에 초대되어 기예르모 델 토로가 격찬했다는 뉴스 한편엔 영화 시작 10분 만에 극장을 뛰쳐나간 관객이 수두룩했다는 소식도 있다. 과연 크로넨버그 영화다운 반응이다. 한국 개봉은 아직 예정에 없는 것으로 알고 있다. 개인적인 의견을 여담 삼아 얹자면, <폭력의 역사>(2007) 이후 그의 페르소나가 된 비고 모텐슨은 이 영화에서 실제로 외모가 크로넨버그를 연상케 한다. 말을 타다가 허리를 다쳐 영화 중 절반 이상을 누워있는 연기로 일관했다는 건 굉장히 아이러니하기도 적확하기도 하다. 그가 연기한 행위예술가 사울 텐서는 여러모로 크로넨버그 자신의 모습이라 여겨졌다. 괴이하고 묵시록적인 주제를 상상 그 이상의 영상 테크닉으로 충격을 안겨주는 예술가의 초상. 이 영화가 왠지 자전적이라는 느낌은 나만의 것일까.

영화는 어느 바닷가에서 시작한다. 옆으로 뒤집힌 채 바다에 반쯤 침몰한 배(유조선?)가 보이고 한 아이가 갯벌에서 숟가락으로 진창을 뒤적거리고 있다. 멀리서 아이의 엄마가 아이에게 외친다. "아무거나 먹으면 안 돼!"

아이는 일견 평범해 보인다. 이 대사가 뭘 의미하는지는 얼마 안 가 밝혀진다. 곧이어 아이가 화장실에서 플라스틱 쓰레기통을 비스킷인 양 야금야금 뜯어먹는 장면이 나온다. 참다못한 아이 엄마가 침대에 누워있는 아이를 베개로 눌러 질식사시킨다. 그러면서 인간의 장기 변화로 인한 식성 및 성격, 나아가 신체의 변형을 모티프 삼아 행위 예술을 구현하는 사울 텐서의 작업장이 나온다.

사울은 인간의 장기 형태로 꿈틀대는 침대에서 잠을 자는 중이다. 레아 세두가 연기한 조력자 카프리스가 곧바로 등장한다. 아무거나 먹는 아이와 사울의 퍼포먼스가 어떤 연관성이 있는지 밝히는 건 스포일러가 될 수 있으니 생략하겠다. 그 이후 이야기들도 마찬가지다. 크로넨버그의 작품들은 스토리를 알려주는 것으로 힌트를 얻을 게 거의 없는 영화이다. 그의 작품은 직접 체험하는 것만이 제대로 된 감상법이라 할 수 있다. 그 체험은 단순히 객석에 앉아 눈과 귀를 열어 두는 것으로 완성(?)되지 않는다. 적어도 내게는 그렇다. 너무 황당하고 엽기적이어서 되레 내가 죽을 때까지 직접 확인할 수 없는 몸속 내장들을 들여다보는 느낌마저 든다. 그걸 어찌 일설로 다 안내할 수 있으랴.

## 인간은 욕망으로 진화하여 욕망으로 종말한다

크로넨버그는 2013년 <코스모폴리스>를 만든 적 있다. 하루 종일 거대한 리무진에서 생활하며 온갖 투자를 통해 뉴욕을 지배하는 젊은 자본가가 주인공인 영화다. 이 영화 역시 그저 상류사회의 호화판 일상을 들여다보는 것으로 끝나는 영화가 아니다. 크로넨버그는 일명 '바디호러'라 불리는 스타일의 영화 외에도 <스파이더>(2005), <폭력의 역사>(2007), <이스턴 프라미스>(2008) 등 인간의 심리 기저에 잠복한 폭력성과 피해의식, 그리고 그것들을 점점 극대화시키는 세계 전체의 체계와 자본의 음모 등을 끈적끈적하게 그려낸 것으로도 유명하다. 지그문트 프로이트와 카를 융의 애증 관계를 기묘한 심리 스릴러로 표현한 <데인저러스 메소드>(2012)는 그나마 온건(?)한 편에 속한다. 앞서 <미래의 범죄들>이 크로넨버그 영화의 종합판 같다는 건 그런 의미다.

기계 문명과 인간 사이의 죽이고 살리고 먹고 먹히면서 첨단과 파멸을 공유하는 설정, 그리고 그 안에 내재한 인간의 원시적 섹슈얼리티와 폭력성에 대한 진단, 자연적 진화를 지나 점점 다른 물질로 변해가고 있는 인간에 관한 과학적이고 철학적인 통찰들. 그런 주제를 믿기 힘든 물질들을 재구성해 각성케 하는 영화를 보다가 뛰쳐나가는 사람들은 어쩌면 이미 자신도 모르게 얽혀있는 세계의 첨예한 음모에 질려버린 탓일지도 모른다. 세계의 어느 심원한 밑바닥에서 캐어낸 진귀하고 색다른 구성체를 통해 인류의 미래를 끊임없이 반추하고 속도를 제어하는 각성의 진미를 느껴버린 사람 또한 별반 다를 것 없다. 세계는 이미 인간이 나아갈 바를 인간 스스로 정하게 만들지 못하고 있다. 그 시발은 결국 인간의 욕망이었고, 그 종말 역시 인간의 욕망을 폭력으로 대체하는 인간의 오만에 의할 것이다.

기계들이 있고 인간이 있다. 인간의 과학적 확증과 오만을 통해 만들어진 기계들은 인간에게 편의를 제공해 왔다. 하지만 기계 문명이 진보할수록 거기서 발생한 본질적 폐해들이 거꾸로 증명된다. 그리고 그러한 역류가 악과 정의에 대한 새로운 표본을 제시하며 인간 자체를 병들게 한다, 문장이 복잡한가. 사실 자체가 복잡한 것인데, 인간 대부분은 그 사실 자체의 복잡성에 대해 숙고하는 걸 괴로워한다. 아무리 기계가 인간의 통증을 일시적으로 완화시켜 줄 수 있더라도, 모든 병이 그렇듯, 근본 치료는 인간이 왜 병들 수밖에 없는 것인가에 대한 근원적 성찰을 거쳐야 할 것이다. 어쩌면 그 성찰 자체가 만병통치의 중심일지도 모른다. 물론 그 역시 인간에겐 궁극적으로 불가능한 일이다. 이 복잡한 존재의 사슬을 잠시나마 일깨워주는 장면이 있다.

## 인간은 잘못 만들어진 로봇인가

눈과 입을 꿰맨 채 온몸에 수십 개의 귀가 붙어있는 댄서가 춤을 추는 장면. 굉장히 명상적이고 종교적인 느낌마저 든다. 보지도 먹지도 못하게 구속된 육체로 수십 개의 귀에 들리는 소리는 과연 어떤 소리일까. 춤은 격렬하기도 나긋하기도 하다. 댄서는 아무 표정이 없다. 물론, 수십 개의 귀는 사울이 인공적으로 장착한 것이다. 그리고 모든 퍼포먼스가 그렇듯, 이것은 그저 하나의 쇼에 불과하다. 사실, 자본과 정치가 작동하는 체계도 쇼의 속성을 지녔다. 그리고, 영화도 당연히 쇼다. 그런데 그 쇼가 이미 몸과 정신에 내장된 실체처럼 세계라는 장기판을 들었다 났다 하는 세상. 진실도 정의도 악도 폭력도 그렇게 꾸며지고 가공된다. 인간은 이제 만들어 붙여진 수십 개의 귀처럼 인간 스스로를 가공하고 고통을 위장한다. 위장함으로써 없애려 한다. 인간은 이제 잘못 만들어진 로봇과도 같다. 죽음을 물질화한 것을 먹고, 물질이 된 죽음을 살고 있는 것이다. 자각은 역시 각자의 몫이다.

**미래의 범죄들** Crimes of the Future 2022/19/1h/47m
**Director** David Cronenberg
**Writer** David Cronenberg
**Stars** Viggo Mortensen·Léa Seydoux·Kristen Stewart

# 내가 '미셸'이냐고? 그냥 '그녀'일 뿐이야!

엘르

Elle

정신건강의학 용어 중 '이인증離人症, Depersonalization'이란 게 있다. 말 그대로 자신으로부터 분리된 듯한 정신 상태를 뜻한다. '떼놓을 이離'자가 쓰이지만, '다를 이異'자를 써도 의미는 통할 거다. 이른바 자신을 타인으로 인식하는 증세다. 모종의 트라우마와 스트레스에 기인하는 것으로 알려져 있다. 어떤 고통스러운 기억이나 상태로부터 자신을 무의식적으로 분리하는데, 그 경우 자신을 타인으로 파악하게 된다. 고통은 내 것이 아니고, 현실은 타의에 의해 꾸며진 허상이라는 것.

**뭐 이런 콩가루 집안이 다 있어?**

폴 버호벤 감독의 <엘르>(2016)가 바로 그 병증을 그대로 적시하는 건 아니다. 그래도 영화를 보다 보면 그

단어가 계속 맴돈다. 인물들은 하나같이 멀쩡한 듯 괴이하다. 겉으론 일반적인 사회 규범과 원칙에 충실해 보이나, 관계의 내막을 살피면 마구 뒤틀리고 꼬여있다. 사회적 명성과 부까지 움켜쥔 자들이지만, 그들의 속사정은 일견 비열하고 추잡하기까지 하다. 서로를 기만하고 속이면서 지저분한 욕망의 가면무도회를 펼친다고나.

친구의 남편과 몰래 바람을 피우면서 그 친구와의 우정을 끝내 지키려 드는 엄마와, 자신의 아이가 아닌 줄 알면서도 애인에게 목이 꿰어 안절부절 아빠 노릇에 충실하려는 얼간이 아들. 영화는 이 모자를 중심으로 여러 인물이 난반사하듯 엉키면서 흘러간다. 엄마 미셸 르블랑(이자벨 위페르)은 잘나가는 게임 회사의 CEO다. 아들 뱅상(조나스 블로켓)은 그녀에게 애물단지와도 같다. 마약 밀매 등 우범 행위를 저지르다 만난 애인 레베카(비르지니 에피라)와 결혼하여 아이를 낳는데, 레베카와 뱅상 둘 다 순혈 백인임에도 아이의 피부가 검은색이다. 하지만 이 정도 막장은 대수도 아니다.

영화는 느닷없는 가택 침입과 폭력으로 시작한다. 미셸의 저택에 온통 검은 옷을 입고 스키 마스크를 쓴 괴한이 난입해 미셸을 성폭행한다. 미셸은 저항 끝에 완전히 유린당한다. 괴한이 달아나고 난 뒤 미셸의 행동이 묘하다.

아무 일도 없었다는 듯 옷차림을 추스르고 어질러진 집 안을 정리한다. 표정은 심상하고 특별한 감정도 안 느껴지는 듯하다. 그러면서 무심한 듯 치밀하게 괴한의 정체를 추적하는 게 영화의 중반부까지 이어진다.

## 모니터 속 여자는 '나'일까, '그녀'일까

미셸의 회사는 새로운 게임 개발에 몰두 중이다. 직원들의 프레젠테이션을 품평하며 차갑게 반응하는 미셸의 태도는 깐깐하고 자부심 넘치는 커리어 우먼의 전형 그 자체다. 일말의 흔들림도 주저도 없다. 어느 날, 회사 컴퓨터에 이상한 영상이 뜬다. 개발 중인 게임 캐릭터가 여성을 성폭행하는 장면인데, 여성의 머리에 미셸의 얼굴이 합성된 모습이다. 회사 안의 모든 컴퓨터에 그 영상이 무작위로 뜬다. 그러나 미셸은 크게 당황하지 않는다. 그걸 근거로 자신을 성폭행한 괴한의 정체를 밝히려 한다.

이쯤 되면 일종의 추리극 형태를 띠게 되지만, 영화는 단서들을 정밀하게 교합해 실마리를 찾는 정통 추리극과는 거리가 멀다. 괴한이 누구인지 궁금증을 불러일으키는 것으로 시작하되, 그 자체가 영화의 핵심 줄기는 아니다. 괴한의 정체는 중후반을 넘어서면 싱거울 정도로 허술하게 밝혀지나 그게 영화의 허술함을 드러내는 것도 아니다. 영화는 섹스와 폭력을 다루는 폴 버호벤 특유의 괴팍하고 변태적인 취향을 노골적으로 제시한다. 그를 스타 감독으로 부상케 했던 <원초적 본능>(1992)이 할리우드 공식에 충실한 플롯과 자극적인 선정성으로 인기를 끌었다면, <엘르>는 그가 젊은 시절 네덜란드에서 만들었던 엽기적 스릴러물들을 더 내실 있게 세공한 느낌을 준다. 미셸 역할로 점찍어뒀던 여러 미국 여배우들이 난색을 표했던 것도 이해 못 할 바 없을 정도다. 결과적으로 낙점된 이자벨 위페르는 압도적인 몰입감으로 영화를 확실하게 매조졌다고 할 수 있다.

'엽기'니 '변태'니 하는 표현을 썼지만, 그것은 폴 버호벤이 세상을 바라보는 시각에 더 가까울 뿐, 그 특유의 유별난 개성만은 아닐 수도 있다. 폴 버호벤은 세상이 더 망가질 수 없을 만큼 배배 꼬이고 뒤틀려있다는 걸 천연하게 드러내는 감독이다. <엘르>의 인물들에게서도 바로 그러한 점들이 부각된다. 영화에서 흔히 말하는 '정상적인 인간관계'는 그저 허울일 뿐이다. 미셸은 친구이자 동업자인 안나(앤 콘시니)의 남편과 틈틈이 괴이한 성관계(혹은 유사 성관계)를 갖는다. 가히 뻔뻔스러워 보일 정도다. 미셸의 어머니 역시 마찬가지. 나이에 맞지 않는 요란스러운 화장을 한 채 젊은 남성을 밝히는 모습이 주책맞은 노인네라 아니할 수 없다.

## '미셸'은 '그녀'의 가면인가

미셸 모녀의 이면엔 깊은 트라우마가 있다. 미셸의 아버지는 추악한 살인마였다. 수십 년째 감옥에 복역 중인 그는 과거의 사건 장면을 통해서만 관객에게 보여진다. 이른바 이 모든 뒤틀림과 변태 심리의 숨어있는 원흉이자 원형이라 할 수 있다. 사건 당시 미셸은 소녀였다. 온갖 뉴스에 넋이 빠져 있는 소녀 미셸의 사진이 도배되다시피 했었다. 스스로 보고도 믿지 못했을 광경들. 그것도 타인들의 시선에 의해 자신마저 노출되며 겪었을 심리적 내상이 자라면서 내면의 괴물을 키웠을 거라는 상상은 어려운 일이 아니다. 미셸은 자기를 보호하는 내면적 칼을 잘게 분해해 자신만의 독침으로 키웠을지도 모른다.

내가 당했다. 하지만 이것은 내 일이 아냐. 그럼에도 복수는 당연한 일이야. 그게 내가 나를 지키는 일이니까. 이런 식의 모순된 당착과 분열이 미셸의 외연을 더 굳건하고 파렴치할 정도로 떳떳하게 꾸며내는 가면의 주원료일 수 있다. 하지만 그 '가면'은 어떤 의식적 절차에 따라 씌워지거나 벗겨지는 게 아니다. 미셸은 가면과 본 얼굴을 구분 없이 쓴다. 그녀가 남성들을 도발하는 방식은 말 그대로 '보란 듯이'다. 어떤 주저함도 체면치레도 없다. 그런 그녀가 자신의 의지와 상관없이 성폭행당했다는 건

수치심과 공포보다 자존심의 문제일 수도 있다. 그래서
그녀는 더 치밀해진다.

 건너편 집에 잘생긴 젊은 남자가 살고 있다. 미셸은 그
와 그의 아내에게 친밀하게 다가선다. 이토록 우아하고
품위 있는 이웃집 여자가 따로 없다. 그것은 미셸이 괴
한의 정체를 밝히는 과정 중에 일어나나 그 자체가 미셸
의 도착된 욕망을 자극하는 또 하나의 유혹(타인에게든
자신에게든)과도 같다. 그러면서 대뜸 안나의 남편에게
"더 이상의 성관계는 없어"라고 통보한다. 욕망이 또 다
른 상대에게로 옮아가면서 오래 쓰고 있던 가면 한 장을
가차 없이 찢어버리는 것이다. 그렇게 미셸은 새로운 욕
망에 몰두하고 자신만의 방식으로 발산한다. 그 분명하
고도 내밀한 욕망 앞에 애물단지 아들이나 주책맞은 어
머니 따윈 안중에도 없다. 그러다 결국 어머니는 돌연사
한다. '그녀'(ELLE)는 죽음 앞에서도 여전히 냉정하기만
할 뿐, 그녀는 미셸이라는 이름의 자신을 그저 남 보듯
할 따름이다.

## 나는 내게서 가장 먼 타인이다

 미셸이 건너편 집 남자의 모습을 창가에서 구경하는 장
면이 있다. 서랍 속에서 쌍안경을 꺼내 침대에 앉는 미

셸. 쌍안경을 보면서 치마 속에 손을 집어넣는다. 괴한이 침입한 건 1층 거실 창가를 통해서였다. 그녀가 남자를 몰래 훔쳐보는 건 2층 작은방이다. 이 역학 구도는 뻔한 듯 상징적이다. 괴한의 정체는 아직 밝혀지지 않았지만, 미셸은 창밖의 남자를 통해 스스로 쾌감을 만들어낸다. 남자의 특별한 매력이 무엇인지는 미셸 자신도 알지 못할 수 있다. 어쩌면 누구나 한 번쯤 마음에 드는 이성을 떠올리며 해봄 직한 단순한 자위행위일지도 모른다. 하지만 결국 이 장면은 영화에서 아주 결정적인 암시로 작용한다. 미셸의 옷차림은 아무 꾸밈없는, 누구나 집에서 혼자 있을 때면 대충 걸칠만한 차림새다. 미셸은 자신만의 내밀한 방 속에서 창밖으로 욕망을 투사한다. 누군가에게 들키면 체면도 명예도 실추될 모습. 미셸은 후다닥 일(?)을 해치우고 방을 뜬다.

히치콕이나 트뤼포가 떠오를 수도 있다. 영화가 가지고 있는 기본적 관음 본능은 유구하다. 영화는 결국 타인의 삶을 통해 자신의 욕망과 꿈을 투사하거나 조장하는 매개이기도 하다. 미셸은 자기 삶을 타인이 만든 영화 구경하듯 한다. 그것도 아주 극단적이고 적나라하게 욕망을 즉물화한다. 회사 컴퓨터 모니터에 괴물에게 당하는 자기 얼굴을 보며 그녀는 무슨 생각을 했을까. 저게 나야? 좀 더 예쁜 사진을 쓰지 그랬어? 이러지는 않았을까. 그

런 그녀가 이상한가. 아니, 그 모든 이상하고 비틀린 심
사를 타인의 것인 양 낄낄대며 즐기는 일에 만성이 된 이
세계가 더 이상한 것 아닌가. 창밖에서 새가 운다. 고개
를 내밀어 새를 찾는다. 새가 먼저 내 일상을 다 훑곤 만
방에 소리 내어 알리는 건 아닐까. 나는 결국 내게서 가
장 먼 타인이다.

**엘르** Elle 2016/18/2h 10m
**Director** Paul Verhoeven
**Writers** Philippe Djian·David Birke
**Stars** Isabelle Huppert·Laurent Lafitte·Anne Consigny

# 털 속에 숨은 몸은 보물일까, 괴물일까

퍼

Fur

미국의 사진가 디앤 아버스Diane Arbus, 1923~1971는 그 명성에 비해 한국에 알려진 지 얼마 되지 않았다. 내 기억엔 2000년대 초반경으로 알고 있다. 주로 미술 전공자나 유별한 사진 애호가 등에 의해 새삼 각광받았었다. '다이앤 아버스' 혹은 '다이안 아버스'라 불렸고, 그런 표기가 최근에도 흔하다. 외국 이름의 한국식 명칭은 아직도 중구난방이 많다. 하지만 디앤 아버스의 경우, 단순히 표기만의 문제는 아닐 수 있다.

## '다이앤'일까, '디앤'일까

스티븐 세인버그 감독이 연출한 영화 <퍼>(2006)의 초반에 상업 사진가 앨런 아버스(타이 버렐)의 아내 'Diane'(니콜 키드먼)을 부르는 호칭은 상당히 불분명하다. 영어 히어링이 뛰어나지 않더라도, 부르는 사람에 따라 '다이앤'으로 들리기도, '디앤'으로 들리기도 한다는 걸 구별하는 건 어렵지 않을 정도다. 그 와중에 앨런 등 그의 가족만은 '디앤'이라 부르는 게 분명하다. 선뜻 기묘하다는 생각이 들어 여러 번 되돌려 확인한 사항이니 확실한 거라 여긴다.

 반복하건대, 그게 왜 이 영화에서 중요한지는 영화를 보거나, 이 글의 끝에서 알게 될 수 있을 것이다. 일종의 정체성 문제다. 타인이 자신의 이름을 부른다는 것은 타인이 그 사람을 바라보는 관점이 반영될 수 있다. 서양에서 알파벳을 사용하는 국가는 흔하다. 출신에 따라 발음도 뉘앙스도 달라지기 십상이다. 디앤 아버스의 본래 성은 네메로브다. 그의 어머니가 브로드웨이의 한 연극을 보고 나서 맏딸의 이름을 '디앤'이라 부르기로 한 것으로 알려졌다.

 네메로브 집안은 부유한 유대계 사업가 출신이다. <퍼>에서 그들은 모피 제조 및 다양한 사업을 하고 있다. 앨런은 처가의 상품들을 사진 찍으며 명성과 부를 거머쥔 인물이다. 아내 디앤은 앨런의 보조로 모델과 세트 등을 관리하는 일을 한다. 둘에겐 딸이 둘 있다. 그런데 촬영장에 모인 하객들은 대체로 그녀를 '다이앤'이라 발음한다. 호화찬란한 모피 쇼가 펼쳐지고 '디앤'은 남편의 보조뿐 아니라 집안일도 신경 써야 한다.

## 실화보다 더 분명한 상상

그러다 어느 날, 화장실 변기가 막힌다. 그걸 해결해야 하는 것도 디앤의 몫. 배수관을 뜯어 속을 확인하니 큼직한 짐승의 털 뭉치가 잔뜩 끼어 있다. 그리고 정체를 알 수 없는 열쇠 하나. 얼마 전 2층에 이사 온 사람이 개를 키우나 보나 싶어 찾아갔으나 그 집 주인 남자가 약간 이상하다. 기괴한 가면을 쓰고 문구멍으로 디앤과 눈만 마주치며 대화한다. 개를 키우지는 않는다고 한다. 묘한 기분에 사로잡힌 디앤은 열쇠를 쓰레기통에 버린다. 그럼에도 자꾸 2층 남자를 신경 쓰게 된다. 그러면서 영화의 전체 분위기 또한 몽롱해진다.

앨런 아버스와 디앤은 어릴 때부터 사귀었던 사이다. 디앤이 14살 때부터였다. 이 영화는 나중에 디앤 아버스의 조수가 되는 사진가이자 기자인 패트리샤 보스워스(영화 제작에도 직접 참여했다)가 쓴 전기를 바탕으로 제작되었다. 그 전기의 초판이 발행된 건 1984년이다. 아버스 일가의 반대로 자료 수집에 난항을 겪었고, 그로 인해 여러 사실관계가 와전되거나 오해되기도 한, 문제투성이의 책이라 알려졌다. 디앤의 친정 측에서만 적극적으로 협조했다. 사진가의 전기임에도 작품 화보가 실리지 않은 건 그 탓이다(한국에도 영화 개봉 직전인 2007년 봄에 번역 출간됐었으나 현재는 절판 상태다).

## 저 털투성이 남자의 매력은 뭘까

그런데 그 사실이 이 영화와 절묘 또는 기묘하게 어울린다. 이 영화의 부제는 'An Imaginary Portrait of Diane Arbus', 즉 '상상적 초상'이다. 실존 인물을 바탕 삼았으나, 실제로 있었던 일보다는 상상과 허구로 인물의 초상을 재구성해낸 셈이다. 이때, 이야기의 기저는 당연히 디앤의 삶이다. 하지만 그것을 그려내는 이미지와 구성은 전적으로 상상에 의한 것이다. 2층 남자는 어릴 적부터 다모증에 앓는 것으로 설정돼 있다. 온몸이 마치 고릴라처럼 갈색 털투성이다. 디앤은 거기에 사로잡힌다. 그러면서 그를 따라 '이상한 나라'로 빨려 들어간다.

디앤 아버스의 사진 작품은 다종다양한 기형들을 포착한 것으로 유명하다. 일란성 쌍둥이, 나체족, 성전환자, 거인, 난쟁이, 팔이나 다리가 없는 사람 등이 그녀의 주 모티프였다. 기형에 대한 편견과 왜곡을 강화했다고 비판받는 지점이기도 하다. 하지만 그녀의 사진들은 이 세계가 숨기고 있는 소위 '정상성'이라는 일방적 질서와 억압을 부드럽게 해체시키는 힘이 있다. 디앤의 사진 속 인물들은 분명 실재하지만, 실재하지 않는 것처럼 감춰지거나 외면받거나 소외된 인물들이다. 그럼에도 그들은 의외로, 정상인보다 꿋꿋해 보인다. 정상인이 생각하지 못하는 자신들만의 본질적 유대로 끈끈하게 뭉쳐있다.

반면에 디앤의 일상은 부르주아 상업주의에 물든 허위와 가식과 허영으로 가득 차 있다. 디앤은 숨이 막히지만, 내색하지 않는다. 앨런은 그녀에게 자신만의 작품을 찍으라고 종용하지만, 디앤은 망설인다. '무엇을 찍어야 할지 모르겠다'고 주저하는데 마침 나타난 게 2층 남자 라이오넬(로버트 다우니 주니어)이다. 그는 물론 상상으로 가공된 인물이다. 그는 자기 몸을 감싼 털 때문에 폐병을 앓고 있다. 그 또한 디앤을 처음 만났을 땐, '다이앤'이라 불렀다. "제 이름은 다이앤이 아니고 디앤이에요." 영화 속에서 디앤이 유일하게 타인에게 자신의 이름을 교정하는 장면이다. 이때부터 디앤은 진짜 '디앤'이 되기로 (자기도 모르게) 작정하게 되는 거다.

2층은 이제 디앤의 유일한 해방터이자 안식처가 된다. 매일 밤 카메라를 들고 2층을 향한다. 그러다 집안일마저 등한시하게 되는데, 눈치 빠른 큰딸이 엄마에게 시큰

둥해진다. 하지만 한번 '사로잡힌' 디앤은 라이오넬을 만나는 걸 멈추지 않는다. 목덜미와 가슴속을 틀어쥐던 털뭉치 같은 게 빠져나가는 기분이었을까. 막혀있던 본능이 터져 나와 새로운 사랑에 눈뜨게 되는 걸까. 어쨌거나 2층에 올라갈 때마다 삶이 변화하는 걸 느끼게 된다.

### '다른 존재들'을 보니 나도 달라져!

디앤은 라이오넬을 통해 다양한 기형들을 만난다. 그녀에게 그들은 여태 만나오던 사람들과는 완전히 다른 존재들이다. 기이하고 때로 혐오스럽기도 하고 때론 신비롭기도 한 그들을 통해 디앤은 자신의 삶을 각성한다. 물론 그 과정이 설명적으로 나열되거나, 커다란 영화적 반전으로 작동하는 건 아니다. 영화는 이미지와 느낌, 그리고 그것들을 통해 심상의 변이를 자극하는 방식으로 전개된다. 미스터리하지만, 그것을 풀어줄 열쇠 같은 건 존재하지 않을 것 같은 예감이 든다. 은은하게 역동적이지만, 격렬한 사랑의 불꽃 따윈 타오르지 않을 것 같은 직감도 뒤따른다. 결론은? 맞기도 틀리기도 하다. 물론, 보기 나름이다.

영화에서도 디앤의 실제 작품들은 거의 인용되지 않는다. 후반부에 디앤이 찍은 필름을 큰딸과 앨런이 몰래 훔쳐 현상하지만, 2층으로 올라가는 계단 풍경들만 잔뜩 찍혀있을 뿐 특별한 건 없다. 하지만 이미 디앤이 이전의 삶과 결별하고 있다는 사실은 분명해진다. 20여 년 같이 지내왔던 남편도 이제 디앤에겐 과거에 밀봉된 낡은 흑백 필름 같아진 건지도 모른다.

라이오넬은 폐병이 더욱 심해진다. 새로운 삶과 사랑을 발견한 디앤은 절망한다. 자신의 시야가 트이고 세계의 질서가 바뀔수록 라이오넬은 죽음과 가까워지는 상황. 라이오넬은 결국 디앤에게 자신의 털을 모두 깎아달라고 부탁한다. 디앤은 정성 들여 라이오넬을 면도한다. 새살 같은, 오래 감춰있던 피부가 드러나고 평생 그를 짓누르던 털, 아울러 디앤의 삶을 둘러싼 채 숨통을 죄던 가짜 모피의 세계가 맨몸을 드러내는 거다. 사랑은 그렇게 더 강렬하게 일상 바깥으로 그들을 떠나보낸다.

**누구에게나 자기 자신이 가장 내밀한 비밀이지**

이 영화의 배경은 1958년이다. 실제로 앨런과 디앤이 이혼한 건 1959년이었다. 디앤 아버스가 사진가로 본격적인 활동을 시작한 게 딱 그 무렵이다. 당시 디앤은 서른다섯 살이었다. 이후 디앤 아버스는 사진 예술을 혁명적으로 바꾼 인물로 기억되게 된다. 그녀가 찍은 건 분명 존재하지만, 존재의 기반과 본질을 '정상적'으로 알 수 없는 인물들이다. 단순 기이 취향이라 몰아붙일 혐의도 분명 존재하지만, 그것을 바라보는 것만으로 한 개인의 시각과 사고를 역동적으로 변화시킬 수 있다는 건 누군가에겐 가히 내적 혁명과도 같을 수 있다. 그건 스스로도 알지 못했던 자신만의 '비밀'을 내처 깨우치는 일이기 때문이다. 이 영화는 바로 그 '비밀'에 관한 이야기다. 그 '비밀'은 말로 설명될 수 없다. 사람이라면 누구나 자기 자신만이 스스로의 가장 내밀한 '비밀'이기 때문이다. 내 방 천장 위엔 누가 살까, 갑자기 궁금하다.

ㅍ Fur: An Imaginary Portrait of Diane Arbus 2006/18/2h 2m
**Director** Steven Shainberg
**Writers** Erin Cressida·Wilson Patricia Bosworth
**Stars** Nicole Kidman·Robert Downey Jr.·Ty Burrell

# 복수는 달다, 아니 쓰다, 아니 드물게 예쁘다

발레리나

Ballerina

이충현 감독의 <발레리나>에 대해선 아무 사전 정보가 없었다. 감독 이름도 생소했다. 우연히 포스터를 봤을 뿐인데, 호기심이 당겼다. 전종서라는 배우 때문이었다. 이창동 감독의 <버닝>(2018)을 통해 처음 알게 된 전종서는 묘한 매력이 있는 배우라 여겼다. 배역에서 풍기는 이미지 너머 어딘가를 남다르게 지향하고 있다는 느낌이었다. 막연한 인상일 뿐이지만, 영화 속에서보다 스크린 바깥으로 잔상이 길게 묻어나오는 신인 배우를 알게 되는 건 흔한 일이 아니다.

## 왜 한국 영화의 대사는 잘 안 들릴까

<발레리나>의 포스터를 한참 바라보다가 영화 내용을 대충 훑었다. 흔해 빠진 복수극이라는 선입견을 빼도 박

도 못했다. 그래도 조만간 보게 될 것 같은 예감이 들었다. 결국 보게 되었다. 김지운과 박찬욱을 교본 삼은 듯 싶으면서도, 약간은 뜬금없게도 팀 버튼 스타일의 영상미를 좇고 있다는 단상이 남았다. <발레리나>에 대해 애기하기 전에 짚어 둘 게 하나 있다.

이 영화는 이 책에서 다루는 유일한 한국 영화이다. 한국 영화(드라마 포함)를 잘 안 보게 된 개인적인 이유가 몇 있는데, 대사가 잘 안 들리는 까닭이 제일 크다(나이 먹고 가는 귀가 먹은 탓이라 해도 부인은 않겠다). 발음과 말투, 그리고 호흡 등은 배우마다 천차만별일 수 있다. 더 중요한 건 전체적인 음향 조율일 것이다. 속삭이는 대사든, 소리치는 대사든 정확히 짚어줘야 할 대사들은 관객의 귀에 또렷이 들리게 하는 게 기본이다. 그런데 어느 날부터 한국 영화의 대사들이 잘 안 들리기 시작했다. 그 탓인지 OTT 채널에선 한국 영화에도 자막을 깔아주기도 한다. 그걸 볼 때마다 황망할 때가 많다. 욕설범벅 대사를 자막으로 읽게 될 땐 영화를 보는 게 하염없는 바보짓(?) 같다는 생각마저 하게 된다. 이비인후과에 가야 하는 건지, 한국 영화의 전체적인 사운드 운용 방식을 따져 물어야 하는지는 각자 판단하시라.

<발레리나>는 영상미 차원에서 보자면 예쁘게 잘 만든

영화라 할 수 있다. 서사 줄기의 빈 구멍과 익숙한 전개, 거의 클리셰에 가까운 소품들과 캐릭터 등, 단점으로 짚을 만한 요소들을 절반 이상 상쇄할 수 있을 정도로 풍부한 색감과 다채로운 앵글이 눈에 확 들어온다. 복수극이라 하면 흔히 떠올릴 법한, 그리고 앞서 언급했듯 김지운이나 박찬욱 영화에나 나올 법한 괴상한 악당 캐릭터들이 복수극의 전형을 답습하고 있지만, 연기의 디테일이 섬세하게 살아있다. 빤해 보이는 이야기를 90여 분의 러닝타임 동안 지루하지 않게 만드는 요소들이다.

## 요란한 듯 정확하고 단순한 액션

액션 영화이니만큼 가장 중요한 건 배우들의 몸놀림일 것이다. 진하고 다채로운 색감만큼 액션 연출 또한 밀도 높고 화려하다. 언뜻 요란해 보이지만, 모든 동작이 정확하고 단순하게 느껴진 건 쓸데없는 과잉 동작으로 초점을 흐리지 않은 까닭일 거다. 개인적으로 이 영화에 가장 큰 점수를 주고 싶은 지점인데, 주인공의 존재감을 부각하기 위해 지나치게 길고 잔 동작이 많은 액션 연출은 되레 피로감을 줄 때가 많다. 옥주(전종서)의 가공할 만한 활극이 허황돼 보이지 않는 것도 그 때문일 것이다. 1대 1이든 1대100이든 옥주는 자신의 감정과 싸우고 있는 인물임이 분명해 보인다.

앞서 '예쁘다'란 표현을 썼거니와, 함의가 여러 개 있다. 영상이 예쁘고 색감과 앵글이 볼 만하다는 건 일차적인 단평이다. 1990년생 감독이 그보다 30년 연상인 감독들의 특징을 요소요소 잡아내 오마주하듯 말끔하게 연출한 게 가상하다고 말한다면 감독에게 실례일 것이다. 하지만, 영화를 보는 내내 이전에 봤던 유사한 스타일의 영화들이 자꾸 오버랩 된 건 부인할 수 없다. 패러디에 가까울 정도로 상기한 두 감독의 작품 속 장면들이 떠오르는 설정들이 수두룩하다. 그런데 그게 가소롭거나 어설퍼 보였다면 아마 중간에 관람을 포기했을 수도 있다. 모든 예술은 앞 세대의 기술과 성과를 답습해 버전업하거나 새로운 양식으로 극복하여 자기화하는 게 당연지사다. 그런 요소를 가감 없이, 그리고 발랄 혹은 발칙하게 드러냈다는 점에서 감히 '예쁘다'는 말을 하게 된다.

## 극한의 감정, 극한의 움직임

앞 문단의 전제를 두고 또 다른 '예쁜 점'은 소도구나 디테일에 있다. 민트초코는 이 영화에서 여러 가지 맥락을 생각게 하는 매개다. 소위 '민초파' 어쩌고 하면서 사람의 성향을 구분하는 심리 테스트가 한동안 유행했었다. 민트초코는 상충하는 맛과 색의 조합이다. 그래서 약간은 괴이하고 낯설고, 누군가에겐 역겨울 수도 있는 음

식이다. 통상 개념을 깨뜨리는 이질적인 것들의 조합이
기도 하다. 거기에 칼부림과 총질. 피범벅이 난무한다.
달콤하고 싱글싱글하는 것과 잔혹한 피의 결합이 영화의
전체적인 색감을 독특하게 뒤섞는다고나 할까.

최민희(박유림)와 옥주의 대화, 그리고 여고생(신세휘)
의 대화 장면은 그저 평범한 소녀들의 말투와 표정과 별
반 다를 바 없다. 색감으로 치면 민트에 가깝다. 그러다
가 조사장(김무열)과 최프로(김지훈) 패거리와 맞짱 뜰
땐 검붉고 진득한 피비린내가 난무한다. 이 기묘한 대조
가 영화의 전반적인 톤을 기존 복수극의 색감과 차별화
한다. 가부장제의 조포성粗暴性에 희생당한 여성들의 복
수 활극이라는 점은 당대 여성들이 가지고 있는 사회적
공분公憤을 화끈하게 발산한다. 그걸 '예쁘다'라고 말하
는 것 자체가 요즘 여성들에겐 언짢게 들릴 어사일 수도
있다. 그래도, 더 적확한 단어를 찾지 못할 바에야 예쁜
건 예쁜 거다, 라고 말할 수밖에 없다. 그런 차원에서 이
영화에서 가장 예쁜 건 바다다.

민희는 물고기가 되고 싶어 발레를 배우겠다고 말한다.
민희도 말하듯 인류는 바다에서 시작되었다. 거창한 인
류사를 말하자는 게 아니다. 춤을 추고 노래를 하고 몸을
격렬하게 쓰는 건 사람이 가진 몸의 한계를 몸의 특징을

통해 극복하고 초월하려는 의지를 표상한다. 모든 무술
은 동물의 동작에서 영감을 받은 특수한 기술이다. 발레
도, 노래도 그렇다. 새의 동작과 울음소리를 흉내 내면서
춤과 음악이 발전해 온 것도 사실이다. 그걸 완성하기 위
해선 자기 몸을 초극하려는 노력과 극한의 훈련이 필수
적이다. 영화에서 옥주는 굉장히 유능한 경호원으로 묘
사된다. 발레리나도 경호원도 평범한 사람이 할 수 없는
일이다. 그러나 이 특별해 보이기만 하는 인물들도 결국
사람에 불과하다. 그리하여 사람이라면 누구나 가질 법
한 감정의 극한에서 결국 피를 보고 만다.

“기억 안 나? 나 발레리나야.”

물고기가 되지 못한 민희는 사람만도 못한 사람들에 의
해 유린당하여 목숨을 잃는다. 사람이 사람을 잃게 되는
건 또 다른 사람에 의해서다. 그래서 복수는 언제나 타당
한 명분을 갖지만, 완전한 복수는 아무나 할 수 있는 게
아니다. 복수를 위해서는 자신이 희생당한 그 사람 자체
가 되어야 한다. 마지막에 옥주와 여고생은 총상을 입은
최프로를 바닷가로 끌고 간다. 민희가 자신만의 비밀 장
소라 일컬었던 곳이다. 옥주는 늙은 총포사들에게서 구
입한 화염방사기로 최프로를 위협한다. 최프로가 발악하
듯 외친다. “넌 도대체 누구야?”라고, 옥주가 대답한다.

"기억 안 나? 나 발레리나야." 옥주는 이미 민희가 된 것이다. 그리고 얼마 후, 화염방사기가 불을 뿜는다. 바닷가에 시뻘건 불덩이가 피어오른다. 물과 불, 파랑과 빨강이 그렇게 교접한다. 그리고 전환. 따뜻한 엔딩.

가장 완벽한 복수는 소리소문없이 상대방을 말살시키는 것이지만, 신이 아닌 한 불가능에 가깝다. 복수는 결국 복수하는 자에게도, 당하는 자에게도 끈질긴 감옥과도 같다. 그리고 그것을 표현하는 영화도 복수라는 테마에 갇힌 기본 패턴을 쉽게 벗어나지 못한다. 복수 자체가 감정의 어둡지만 확고한 프레임이고, 그걸 다루는 영화도 기존의 영화들이 만들어 놓은 두터운 틀에서 빠져나오기 힘들다. 2003년의 <올드보이>나 2005년의 <달콤한 인생>이나 복수는 늘 참혹하고 처절하며 애잔하다. 붉은 피가 결국 검어져 점액질의 고깃덩이만 남는다. <발레리나>는 그것들과 얼마나 비슷하고, 또 얼마나 다른가. 영화를 보면서 자꾸 그 생각만 한 것 같다.

### 누구에겐 별미, 누구에겐 이상한 영화

영화 중반 이런 장면이 있다. 조폭 똘마니의 머리통을 관통한 총알이 창문을 뚫고 나간다. 거미줄 형태의 금이 옥주의 머리를 휘감는다. 창밖에서 본 풍경이다. 줌인하

자 테두리가 검은 프레임 같은 게 직사각형으로 옥주를
가둔다. 복수가 복수에 갇히고, 영화가 영화에 갇혔다는
이 느낌이 어째 서늘하다. 영화니까 가능한 아름다운 복
수, 혹은 영화가 아닐 수도 있기에 더 끔찍한 복수. 민트
초코는 싱그러운 바닷빛이다. 누구에겐 별미이고, 누구
에겐 이상한 음식이다. <발레리나>는 왠지 그런 영화다.

**발레리나** Ballerina 2023/19/1h 33m
**감독** 이충현
**각본** 이충현
**배우** 전종서·김지훈·박유림

## "뭘 물어봐? 그림을 보는 건 당신들이잖아?"

히든 어웨이

Volevo nascondermi

선사先史라는 건 말 그대로 역사가 종이에 글자로 쓰이기 이전이다. 지구 역사는 역사 시대보다 선사시대가 훨씬 길다. 하지만 서기西紀가 선사와 역사 시대를 구분하는 척도로 선험화된 지 오래다. 기준이 예수의 생몰 시점이다. 연원을 따지자면 보다 긴 얘기가 필요하겠지만 결론만 추리자면, 언어 탄생 이후보다 그 이전의 생몰 현상이 더 본원적이라는 뜻일 수도 있다. 물론, 하나의 관점에 불과하다.

### 사람인가 동물인가 원시인인가

선사는 어떤 개념 규정이나 판단이 없었다. 짐승적 본능이 우선이었다고 해도 아주 틀리진 않을 거다. 현대와 평면적으로 비교할 수도 없을 거고, 그래서도 안 될 거라는 판단은 있다. 어쩌면 굳이 그 시대를 말할 필요도 없을지 모른다. 다만, 인간이 태생적으로 가지고 있는, 그럼에도 아예 인식조차 못 하는 행동에 대한 판단의 근거를 제기해 줄 단서들은 선사적 인간의 행동 양태에서부터 찾아야 할지도 모른다고 여길 뿐이다.

지오르지오 디리티 감독의 <히든 어웨이>(2020)를 보면서도 그런 생각을 했다. 이 영화는 이탈리아의 괴짜 화가 안토니오 리가부에의 일생을 다룬 영화다. 안토니오 리가부에는 20세기 중반, 엄청난 그림값을 자랑한 화가였다. 그의 그림을 보면 언뜻 그보다 앞선 시대 화가들, 가령 빈센트 반 고흐나 조르주 루오, 또는 폴 고갱의 작품들이 떠오르기도 한다. 하지만, 색조나 다루는 주제들이 비슷해 보인다는 뜻일 뿐, 큰 연관성은 없어 보인다.

리가부에는 생전 '바보' 또는 '미치광이' 소리를 들었다. 정신병원에도 세 차례나 갇혔었는데, 당대 사람에게 비슷한 취급을 받았던 반 고흐의 병력病歷보다 더 구체적이고 명확한 신체적 결함이 있었다. 리가부에는 1899년 스위스 취리히에서 태어났다. 1913년 독극물 중독으로 어머니와 세 형제가 사망하게 되는데, 독을 푼 사람은 아버지였다. 이후 리가부에는 평생 아버지를 증오하며 살았다. '리가부에'라는 성姓도 그 스스로 바꾼 것이었다.

친부의 성은 확인 불가인 것으로 알고 있다.

## 닭을 그리려면 스스로 닭이 되어라?

자라면서 그는 비타민 결핍으로 인한 두개골 기형과 구루병을 앓게 된다. 두 차례의 세계대전과 오랜 방랑으로 호스피스의 지원을 받으며 겨우 살아남는데, 우연히 그의 미술 재능을 간파한 조각가 레나토 마리노 마자쿠라티에게서 그림의 기본을 익힌 후 독학으로 미술에 몰두한다. 영화는 이러한 이력을 빠르게 삽화 처리하듯 전개한다. 그래서 그의 병인(病因) 등 삶의 구체적 사건들은 모호한 암시만 줄 뿐이다. 허나, 그가 어릴 적부터 육체적 정신적 상처를 크게 안고 성장한 인물이라는 건 분명하게 드러난다.

영화 초반, 그가 어릴 적 계모(라 짐작되는)가 그의 관자놀이를 짓누르며 "이 안엔 악마가 있어!"라고 꾸짖는 장면이 있다. 그에겐 그게 깊숙한 트라우마로 각인된다. 성인이 된 이후에도 세상 사람들에게 멸시받고 외로움을 호소할 땐 돌로 자신의 관자놀이를 마구 찧는다. 대화도 어눌하고 왜소한 체구에 늘 구부정하게 운신한다. 성질은 불덩어리와도 같다. 자신의 그림이 모욕당했다고 느끼면 닭처럼 양팔을 퍼덕이며 맹수처럼 으르렁댄다. 멀쩡한 사람이라면 도저히 상종하기 힘든 사람이다. 그에겐 그림밖에 없다.

그림을 그리는 방식도 기괴하다. 닭을 그릴 땐 닭처럼 꼬꼬댁 소리를 내고 오리를 그릴 땐 오리처럼 움직인다. 그가 유명해진 건 호랑이 그림들이다. 천진하기도 우스꽝스럽기도 하지만, 색조와 역동성은 강렬하다. 그게 사람들의 시선을 사로잡는다. 텅 빈 캔버스를 마주하곤 호랑이처럼 행동하는 장면도 있다. 마치 스스로 캔버스 안에 들어가 호랑이가 되겠다는 기세다. 어처구니없으면서 서글프고, 우스우면서도 맹렬하다. 아이 같기도 미친 사람 같기도 하다. 아이들은 그를 조롱하는 한편, 그의 해맑은 심성에 공감하기도 한다. 아이와 성인 어느 지점, 혹은 사람과 동물의 어느 지점에 그의 정체성이 숨어있는 건지도 모른다.

### "'머릿속 악마'는 늘 날 보고 웃지"

스위스 출신이지만, 오랜 방랑과 전쟁 등의 이유로 그는 여러 언어를 쓴다. 2차 대전 당시엔 이탈리아 육군에서 독일어 통역관으로 복무했다. 흘러 흘러 이탈리아에 정착했지만, 이탈리아어는 그에게 외국어인 셈이다. 그만큼 그는 어눌하고, 말로 자신을 표현하는데 서툴렀다.

어쩌면 모국어 역시 그다지 능통하진 않았을 것 같다.

 앞서 그림 그리는 방식에서 보듯, 그는 보고 행동하고 흉내 내는 데 특화된 기질을 지녔다. 그가 처음 전시회를 열자 기자들이 몰려온다. 사진을 찍고 인터뷰를 하면서 기자가 그림에 대한 설명을 요구하자 그가 대뜸 말한다.

 "그림에 대해서 무슨 말을 해요? 그림을 보는 건 당신들이잖아요?"

 영화는 어떤 특정 사건을 크게 부각하거나 인물들 간의 관계를 세밀하게 접사(接寫)하지 않는다. 안토니오 리가부에라는 인물을 중심으로 근접한 인물과 사건들을 툭툭 흘려놓듯 언급할 뿐이다. 그래서 더 부감으로 떠오르는 게 리가부에의 초상이다. 리가부에 역을 맡은 엘리오 제르마노는 1980년생, 이제 겨우 마흔 중반의 잘생긴 배우다. 하지만 영화에서는 그는 머리가 빠지고 기형적으로 얼굴이 비틀린 60대의 리가부에를 신묘하게 연기했다 (70회 베를린 국제영화제에서 남자 연기상을 수상했다). 거의 '원맨쇼'라 할 수 있을 정도인데, 그의 연기를 감상하는 것만으로도 두 시간이 훌쩍 지난 느낌이다.

## 잘생긴 배우의 광기에 찬 '원맨쇼'

특별한 전언도, 유별난 감정도 크게 느껴지진 않는 영화다. 적어도 내겐 그랬다. 영화적 만듦새에 대한 판단도 별로 하게 되지 않는다. 그저 어떤 괴상한 사람의 행동을 가만히 보고 있으면서 이런저런 상념에 젖게 만드는데, 뒤끝이 아리는 건 분명하다. 광기에 시달리며 고독하게 살다 간 예술가 이야기는 지나치게 식상한 테마이기도 하다. 그런 사람들에 대한 평가엔 늘 '사후 명예'라는 게 뒤따른다. 리가부에는 생전에 큰돈을 번 화가라는 점에서 고흐나 고갱과는 다른 삶을 살았다.

그는 그림을 팔아 번 돈으로 기사까지 딸린 고급 자동차를 세 대나 가지고 있었다. 오토바이는 무려 열두 대였다. 리가부에는 특히 빨간색 오토바이에 집착했다. 그가 사망하게 된 것도 오토바이를 타고 가다 사고가 난 후유증 탓이다. 하지만 영화에서 그 장면은 나오지 않는다. 오토바이를 타고 가는 장면이 잠깐 나왔다가 반신 마비가 된 상태로 침대에 누워있는 장면으로 전환될 뿐이다. 왜 그걸 직접 보여주지 않았는지 약간 의아스럽기에 곰곰 따져보게 된다.

## 왜 오토바이에 집착했을까?

예술가의 죽음은 때로 신화가 된다. 앞서 '사후 명예'라 말했거니와, 실제 삶의 실상과 작품을 통해 걸러져 나오는 허상은 명백하게 다를 수밖에 없다. 사람들은 대개 작품으로 후광을 얻은 예술가의 실질적 배면조차 예술의 일부로 여겨 칭송하곤 한다. 하지만, 예술의 배면은 대개 비참하거나 추루하다. 어이없을 정도로 참혹하고 비열하기조차 할 때도 있다. 죽음의 방식 또한 신화가 된다. 자동차 안에서 스카프에 목이 감겨 죽은 이사도라 던컨의 죽음은 사실인 동시에 이후 사람들의 입에서 가공된 판타지로 작용하기도 한다. 그렇게 한 명의 '여신'이 역사에 기록된다. 리가부에는 어떤가.

그의 삶은 상처투성이였다. 그는 그 상처 속으로 깊이 숨거나 때론 격렬하게 드러내는 것으로 그림을 그렸다. 그런 그에게 당대 사람들은 '접근 엄금'이라는 묵계를 공유했다고 할 수 있다. 그는 그림을 통해 한때나마 꿈같은 영화를 누렸다. 그럼에도 그는 죽기 직전까지 혼자였고, 어릴 적부터 각인된 '머릿속 악마'는 끝내 그를 잡아 먹어버렸다. 그는 그렇게 현대를 살다 간 원시인이 되었다. 오토바이는 그의 죽음에 아무 책임 없다. 그의 유일한 애장품이자 '한 몸'이었던 오토바이는 그저 그가 그만의 상

처와 꿈과 예술 속으로 도피하는 또 다른 붓이었을 뿐이
다. 그는 지금도 계속 닭처럼 양 날개를 펄럭이고 호랑이
처럼 으르렁대며 또 다른 세상을 달리고 있을지 모른다.
영화는 오토바이를 탄 모습을 마지막으로 끝났어야 했던
게 옳지 않았을까?

**히든 어웨이** Volevo nascondermi 2020 2h
**Director** Giorgio Diritti
**Writers** Giorgio Diritti·Fredo Valla·Tania Pedroni
**Stars** Elio Germano·Oliver Ewy·Leonardo Carrozzo

# 나를 알려고 하지 마!

더 킬러

The Killer

데이비드 핀처 감독의 근작 <더 킬러>(2023)에선 다음과 같은 대사가 여러 차례 반복된다.

"예측하되 임기응변하지 마라. 아무도 믿지 마라. 단계마다 자문하라 '이게 이득이 되는가.' 그게 전부다."

그리고 이어지는 대사.

"공감하지 마라. 공감은 나약함이다. 나약함은 약점이다. 성공하고 싶다면 전념해야 한다. 간단하다."

'예측'하되, '임기응변'하지 않는 영화

무슨 상투적인 자기계발서에서 볼 수 있을법한, 그런

만큼 삶에 있어 때론 지극히 당연한 지침들이다. 영화에서 이 대사는 주인공의 독백, 그러니까 일종의 방백 효과를 낸다. 관객들에게 주인공의 행동 원칙을 알려주는 셈인데, 주인공은 이 원칙에 철저히 입각한 행동을 말끔하게 완수해낸다.

주인공은 이른바 살인청부업자, 즉 전문 킬러다. 영화 자체가 킬러 역을 맡은 마이클 패스벤더의 원맨쇼라 할 수 있을 만큼 모든 대사가 킬러의 시점에서 흐른다. 얼추 가늠컨대 전체 대사의 70퍼센트 이상이 독백으로 채워져 있다. 흔한 설정은 아니다. 전형적인 하드보일드 누아르 스타일을 답습하지만, 마냥 비장하거나 칙칙하지도 않다. 전개는 명쾌하고 연출은 단조로우면서도 스타일리시하다. 데이비드 핀처의 전작들과 비교해 볼 만한 구석도 있다.

프랑스 파리에서부터 킬러의 여정이 시작하기 때문일까. 어째 20세기 중반 프랑스를 중심으로 유행했던 누보로망Nouveau roman, 요컨대 '메타소설'이라고도 불리는 독백체 소설이 연상되기도 한다. 알랭 로브그리예 등으로 대표되는 그런 소설들은 대개 자아 정체성이나 세계와의 불화 등, 당시 유럽에서 풍미했던 실존주의 철학을 바탕으로 쓰였다. 거기에 절제되었으나 칼같이 마름질 된 현대적 연출 기법이 적용된 듯한 영화. 정말 '예측'하되, '임기응변'하지는 않은 듯 전체적인 만듦새가 잘 맞춘 퍼즐과도 같다.

## 그가 처음 실패하자, 영화가 시작한다

감독의 전작들이 떠올랐던 것 역시 그런 맥락이다. 무엇보다 <파이트 클럽>(1999). 두 명의 자아로 분열된 채 잠재된 폭력 충동을 드러낸 주인공의 무의식적 뿌리를 거슬러 더 성장하거나 완전무결해지면 이런 캐릭터가 탄생할 것 같은 느낌이 든다. 물론, 두 작품 다 다른 원작을 바탕으로 제작됐다. <파이트 클럽>은 미국 소설가 척 팔라닉이 원작자고, 이 영화는 프랑스의 그래픽 노블 듀오 마츠와 뤽 자카몽의 만화가 원작이다. 폭력과 살인이라는 소재 말고는 내용도 주제도 다른 작품들이다. 그럼에도 배면이 유사하다. 물론 개인적인 판단이다.

또 한편은 연쇄살인마를 다룬 <조디악>(2007). 실체를 알 수 없는 살인자라는 설정이라는 점에서 이 영화와 데칼코마니 형태로 짝 맞춰 볼 수 있을 법하다. 물론 그 영화 역시 <더 킬러>와는 완전 다른 원전을 가진 작품이다. 그럼에도 어떤 '솜씨'라는 측면에선 따로 분리되지 않는다. <더 킬러>는 결국 누군가가 가진 특별한 '솜씨'

에 대한 영화이기 때문이다.

킬러는 중년 남자다. 인물도 출중하고 체격도 탄탄하고 행동은 용의주도하며 지능도 매우 뛰어나다. 일 처리에 군더더기가 없고 준비성도 뛰어나다. 마치 모든 걸 자로 재듯 긋고 자르고 꿰어맞추는 데 천재적인 재능을 드러낸다. 완력 또한 굉장하다. 영화는 에필로그 포함 총 7개의 챕터로 구성되어 있다. 모든 챕터는 킬러가 이동하는 장소에 따라 나뉜다. 그중 네 번째 챕터에서 킬러는 짐승(챕터 제목이 '짐승'이다) 같은 거구의 사내와 일전을 벌인다. 영화 중 가장 요란한 액션 장면이 펼쳐진다.

## 짐승을 만나면 짐승이 되는 쿨가이

대체로 지루하고 건조하게 전개되던 이 영화가 이 챕터에서만큼은 불과 피를 마구 뿜는다. 플로리다의 한 저택에서 치고받는 둘의 액션은 원색적이고 거칠다. 잘 계산된 합으로 묘기 부리듯 하지 않는다. 둔탁하고 맹렬하게 화면 가득 아드레날린을 황칠할 정도다. 정확하고 단조롭게 흐르던 전개가 이때만큼은 어떤 틀을 벗고 무장 해제된 듯한 느낌을 준다. 게다가 격투가 상당히 길다. 피차 피 칠갑이 된 상태로 혼을 빼다가 결국 승자는 킬러. 킬러는 상처투성이가 된 채 저택에 불을 지르곤 자리를 뜬다. 그리고 다시 원래 패턴으로 돌아와 이어지는 멀끔 말끔 단호한 장면들.

킬러의 성공률은 야구로 치면 10할이었다. 적어도 영화 시작 전엔 그랬던 것 같다. 영화는 파리의 한 스튜디오에 숨어 프랑스의 고관대작쯤으로 보이는 한 늙은이를 표적 삼아 저격을 준비하는 것으로 시작한다. 앞서 언급한 독백이 처음 깔리는 것도 이때부터다. 킬러가 방아쇠를 처음 당기는 시점은 정확히 러닝타임 20분을 넘길 무렵. 그런데 실패한다. 총알은 늙은이가 부른 고급 콜걸을 명중시킨다. 킬러는 재빨리 오토바이를 타고 파리의 밤거리를 질주하며 달아난다. 요컨대 완벽주의자의 실패가 이 영화의 시작인 셈이다.

다시, 독백을 곱씹어보자. "예측하되 임기응변하지 마라." 모든 상황과 가능성을 염두에 뒀음에도 킬러는 '임기응변'할 수밖에 없어진다. 전혀 계산에 없던 일이다. 킬러는 자기 과신이 아니라 자기성찰의 기본으로 자신의 원칙을 되새겼을 뿐이다. 오차와 변수마저 계산해 뒀지만, 1초도 안 되는 순간, 모든 게 수포로 돌아간 셈. 아마 킬러는 자신이 무너지는 소리를 들었을지도 모른다. 그것은 곧 자신이 죽게 될 상황에 대한 예측과도 같다. 죽이지 못하는 자는 죽게 되어있는 게 킬러의 운명 아니겠는가. 영화는 이후, 킬러가 그 실패의 본원적 지점을 찾으러 떠나는 일종의 여행기가 된다.

**"모두 내 이름이지만, 전부 내가 아니야"**

킬러는 이름이 없다. 당연한 일이다. 여러 개의 이름이 언급되는데, 모두 그 자신이 말하지 않는다. 공항이나 렌터카 직원, 혹은 마트 점원에 의해 불릴 뿐이다. 요컨대 그는 '무엇이라 불리는 자'일 뿐, 스스로 누구라고 밝히지 않는 자다. 프랑스 누보로망이 떠올랐던 건 이런 연유이기도 하다. 분명히 존재하되, 누구인지 확증할 수 없는 사람.

킬러는 원래 법학을 공부했던 인물로 설정돼 있다. 법은 제도이자 시스템이자 보호막이자 굴레이다. 그리고 킬러는 그 법을 이용해 법망을 뚫고 법에서 제한한 행동을 저지르는 자다. 그러곤 다시 법의 울타리 안에 자신을 숨기고 보호해야 하는 존재다. 따라서 그의 정체를 아는 자는 모두 죽어야 한다. 그 기묘한 역설 속에서 킬러는 살고, 또 그렇게 산 자의 얼굴로 죽은 체한다. 그런 의미에서 이 영화는 주인공이 혼자 독백하면서 자신을 스스로 지우는 영화라 할 수 있다. 지워져야 존재할 수 있는 사람.

틸다 스윈튼이 잠깐 등장한다. 킬러의 애인을 다치게 한 배후 인물 역할이다. 한 택시 기사에 의해 그녀는 '면 봉처럼 생긴 여자'라 지칭된다. 기다란 몸매에 짧은 은발 탓이다. 킬러가 그녀를 처음 목격한 순간, '틀린 말은 아니군'이라 독백한다. 피식 웃게 되는 장면인데, 이 영화엔 이런 식의 유머가 살금살금 배어있다. 그게 또 킬러의 윤곽을 도드라지게 한다. 자신의 원칙이나 작업 지침을 늘어놓는 독백에선 문득 쇼펜하우어의 철학을 서머리한 것 같은 느낌도 준다. 이를테면 삶의 일상적 지점을 아예 넘어섰거나 더 근원적인 지점에서 세계와 삶을 냉소하는 인물. 그리하여 더 존재의 궁극 원리를 터득한 인물.

## 법을 도구 삼아 치외법권이 된

틸다 스윈튼은 이 영화에서 킬러와 가장 길게 대화하는 인물이다. 이 역시 데이비드 핀처의 <벤자민 버튼의 시간은 거꾸로 흐른다>(2009)가 연상되는 지점. 그 영화에서도 '잠깐' 등장하는 중요한 역할이었다. <더 킬러> 에서 그녀는 킬러의 희생자이자 지배자이자 일종의 '전도'(傳導도 맞고 顚倒도 맞다)를 체험케 하는 인물이다. 성공과 실패의 시작과 끝에 그녀가 존재한다는 건 영화를 다 보고 나서 짐작할 수 있는 사항이다. 법을 이용해 법을 뚫고 그 위에 존재할 수 있는 자. 뜬금없지만, 현재

한국 정치 최상부 인물들이 모두 율사 출신이라는 사실
이 문득 소름 끼쳤다. 영화는 영화이고, 현실은 현실이라
는 당연한 사실이 소름 끼치다니. '공감'도 좀 하고, 가끔
'약함'으로 스스로 돌보기도 해 봐라, 이 사람들아. 절대
가명들은 쓰지 마시고.

**더 킬러** The Killer 2023/15/1h 58m
**Director** David Fincher
**Writers** Alexis Nolent·Luc Jacamon Andrew·Kevin Walker
**Stars** Michael Fassbender·Tilda Swinton·Charles Parnell

# 무사는 죽어야 산다, 아니 죽음의 리듬으로 산다
### 고스트 독: 사무라이의 길
#### Ghost Dog: The Way of the Samurai

일본 전국시대 무사도 관련 고서 중 이런 구절이 있다.

'강개부사이 종용취사난慷慨赴死易 從容就死難'

"의기에 북받쳐 죽는 것은 쉬우나, 차분하고 침착하게 죽는 것은 어렵다". 삶과 죽음을 대하는 사무라이의 태도를 한마디로 요약한 문장이라 할 수 있다. 주군을 위해 목숨을 바치는 자. 그러기 위해 주군의 그림자가 되어 유령처럼 존재하는 자. 짐 자무시 감독의 <고스트 독-사무라이의 길>(1999, 이하 <고스트 독>)은 그러한 사무라이 정신을 뉴욕 한복판에 다소 엉뚱하게 옮겨온 작품이다.

#### 이 뚱뚱한 흑인이 사무라이라고?

26년 전 영화인만큼 짐 자무시의 중기작이자 컬트적

고전이라고도 할 만한 작품이다. 짐 자무시 특유의 기발한 발상과 고전 영화에 대한 오마주가 대놓고 드러나는데, 가장 먼저 떠오르는 영화가 장 피에르 멜빌의 <사무라이>(1967, 한국 개봉 제목 <한밤의 살인자>)다. 알랭 들랭이 냉정하고 잔혹한 킬러로 출연한 그 영화는 서양에서 막 사무라이 열풍이 불 때 히트 친 영화다. 말끔하게 잘 만들어진 수작이지만, 일종의 오리엔탈리즘이라는 혐의 또한 지우기 힘들다.

<고스트 독>은 장 피에르 멜빌의 작품에서 기본 설정을 따왔다. 말 없고 정체를 알 수 없는 킬러. 그런데 그가 레게머리를 한 흑인이다. 게다가 '무사'와는 잘 연결이 안 되는 뚱보다. 포레스트 휘태커가 분한 킬러, 즉 '고스트 독'이 약간 우스꽝스럽게 여겨진다면 그 탓일 거다. 어딘가 어색하고 우스운데, 표정이나 몸짓은 워낙 진중하고 자못 위협적이기까지 하다. 말 한마디 잘못 걸었다간 바로 엎어치기라도 감행할 기세다.

### 그는 왜 삼류 양아치를 주군으로 모시는가

고스트 독은 한 폐건물의 옥상에서 비둘기들을 키우며 산다. 고독하고 쓸쓸해 보이나, 그에게선 어떤 감정도 안 느껴진다. 홀로 검술 훈련을 하고, 총기를 여럿 소지하고 있다. 자주 진동하는 힙합 리듬이 경쾌하기도 불길하기도 하다. 그런 그가 유일하게 접선(?)하는 사람은 마피아 졸개 루이(존 토미)다. 루이는 어느 날 집단 구타를 당하고 있는 고스트 독을 구해준 이후, 그의 주군이 되었다. 알고 보면 싸구려 양아치에 불과하지만, 『사무라이의 길』을 성서처럼 탐독하는 고스트 독에겐 삶의 길을 터주는 영도자(?)나 마찬가지. 이 영화가 짐짓 우스꽝스럽게 여겨지는 또 하나의 지점이다.

온갖 근엄한 표정으로 냉혹하게 일을 처리하는 킬러가 어떻게 그런 삼류 건달을 주군으로 모시는지 의아하다. 아무리 자신을 도와줬다 하더라도 인간의 본색이란 건 금세 들통나기 마련이다. 고스트 독이 루이의 지시를 받고 처치하는 대상들 역시 루이와 다를 바 없는 양아치들이다. 그런 점에서 고스트 독은 사무라이의 기본 원리에만 충실할 뿐, 인간과 사회에 대한 전체적인 윤리적 맥락과 선악 관념, 그리고 명철한 이성이 부재한 인물처럼 보인다. 정말 그렇다면 무사로선 결격이다.

그런데 정말 그렇기만 할까. 결론은 물론, 영화를 다 보고 나서 판단할 일이다. 이 영화는 정통 스릴러나 누아르와는 거리가 먼 작품이다. 비장하기보다 경쾌하고, 암울하다기보다 차분하고 유머러스하다. 어째 좌충우돌 얼렁뚱땅 같은 느낌도 있다. 어떤 영화적 콜라주나 풍자가 전체 맥락을 꿰어낸다고도 할 수 있는데, 영화광 출신 짐 자무시의 특장이 개성적으로 드러나는 측면이라 볼 수도 있다.

## 뭐가 이렇게 얼렁뚱땅 뒤죽박죽이야!?

영화 초반, 마피아 보스 바고(헨리 실바)의 딸 루이스 바고(트리시아 베시)와 눈이 맞은 조직원을 살해한 고스트 독이 루이스에게 책을 건네는 장면이 있다. 아쿠타가와 류노스케의 『라쇼몽』이다. 구로사와 아키라 감독의 <라쇼몽>의 원작이지만, 사실, 구로사와 아키라가 참조한 작품은 류노스케의 다른 단편 「덤불 속」이다. 주제에서부터 소재까지 일본 문화에 대한 참조가 드러나는 셈인데, 바고와 루이가 애니메이션을 즐겨보는 것도 그 맥락에서 이해해볼 만도 하다. 만화를 즐기는 마피아라니. 통념과 상식을 깨는 언밸런스의 귀재 짐 자무시의 짓궂은(?) 센스가 발휘됐다고나 할까.

그런 식으로 이 영화엔 영화 자체의 전형적인 긴장감과 밀도를 젖히고 드러나는 레퍼런스와 위트가 가득하다. 그렇다고 마냥 웃긴 것만도 아니고, 마냥 진지한 영화적 성찰을 궁구하는 것도 아니다. 그저 영화라는 것 자체가 가지고 있는 기술적 특징과 전체 영화사에 걸쳐 활용되어온 여러 텍스트를 인용해 감독 스스로가 즐기고 있다는 느낌마저 든다. 그렇기에 킬러와 마피아, 그리고 갱스터랩이라는 요소가 기본적으로 가지고 있는 속성들이 중화되고 침삭되어 독특한 아우라를 풍긴다. 웃기지도 진지하지도 않은데, 그게 외려 진지하고 웃기다고 말한다면 어불성설일 것이나, 그런 표현이 또 적실하게 여겨지니 약간은 괴랄하다고 말할 수도 있겠다.

영화는 '소동 아닌 소동'처럼 끝난다. 어딘가 요란하나 또 어딘가 싱겁다는 뜻이다. 고스트 독은 검술을 수련하지만 일을 처리할 땐 주로 총을 사용한다. 결국 미국식이다. 일본이나 미국뿐 아니라 전 세계적으로도 검은 이제 실용성이 떨어진다. 사무라이를 상징하는 유물이거나 표식으로나 작용할 뿐인데, 쿠엔틴 타란티노는 <킬 빌>(2003)에서 그 시대착오적 유물을 아주 솜씨 좋게 활용했었다. 그 역시, 타란티노 특유의 영화적 기지의 소산이라 할 수 있다. 오토바이를 탄 채 검을 들고 다니는 현대인을 설득력 있게 그려내는 건 아무나 가능한 일이 아니다.

## 영화 보다 낯선 영화

<고스트 독> 역시 전체적으로 뜬금없고 어색한 면도

많다. 그럼에도 그 '어색함' 자체가 이 영화의 매력이자 개성으로 작용한다. 20세기 말 뉴욕 한복판에 흑인 사무라이가 등장한다는 설정 자체가 만화스럽기는 하나, 할리우드에서 전형화된 여러 인물이나 플롯의 패턴을 비틀고 풍자함으로써 독보적으로 자리매김한 짐 자무시다운 영화라 할 만하다.

그는 대중에게 일반적 혹은 관성적으로 주입된 영화의 성격을 '천국보다' 더 '낯선' 방식으로 변화시키며 '천국이 존재하지 않음'을 환기한다. 그렇다고 그의 영화가 '지옥'을 다루고 있다는 뜻은 아니다. 그의 영화는 '천국'도 '지옥'도 존재하지 않고, 다만 '일상'적이지 않은 방식으로 '일상'의 빈틈, 그리하여 삶의 내밀한 속살과 본성들을 성찰하게 만드는 일종의 '음화'라 할 수 있다. 음화인 만큼 그것의 본질은 다채롭고 엉뚱한 사물들의 혼합으로 구성된 일상의 부속들이 널려있다. 마치 책상 위의 노트나 필기구 등이 특정한 세기와 각도의 빛에 따라 바닥에 전혀 알 수 없는 음영을 드러내는 것과 비슷하다고나 할까. 그것들은 늘 '이곳'보다 낯설고 '사실'보다 더 짙다. '고스트 독'이라. 짐 자무시는 결국 일상의 어떤 유령을 특정 사물 혹은 인물로 인유하여 삶의 배면을 찍어내는 자라 할 수 있다. 그런 점에서 그는 시인과도 같다. 그에겐 무사도마저도 무사도의 음화로 다가온 듯하다.

## 그의 총에 총알이 없는 이유

무사도는 늘 죽음을 운위하지만, 죽음을 두려워하거나 삶이 무의미하니 장렬하게 죽자고 꼬드기는 망상 체계가 아니다. 무사도의 기본 태도는 삶을 통해 죽음을 통과하고 죽음을 깨우쳐 삶의 근본을 자각하는 데 있다. 살면서 자신의 죽음을 깨닫는다는 건 삶과 자연, 그리고 사회를 구성하는 모든 요소에 대한 전체적인 통찰과 모든 인연의 구속을 섬려하게 풀어헤치는 내면적 각성을 체화한다는 뜻이다. 죽음이 삶의 가장 확실하고 기본적인 전제인 것은 자연의 질서이자 엄명이다. 그런 의미에서 모든 이의 삶은 죽음으로부터 잠시 현현한 유령 같은 것일 수도 있다. 유령은 실존 차원에서는 허상이지만, 삶의 모든 조건이나 제도, 그리고 그로 인한 욕망 또한 잠시 삶을 지배하다 사라지는 허상에 불과하다. 고스트 독이 자신의 주군이던 루이와 마지막 일전을 벌일 때, 그의 총엔 총알이 없다(이 역시 명백한 장 피에르 멜빌에 대한 오마주다). 그럼에도 그는 태연하다. 행인가 불행인가. 혹은 삶의 끝인가 죽음의 시작인가. 얼렁뚱땅 피식거리며 보고 나서 드는 철리哲理가 자못 심상찮다. 비둘기 밥은 이제 누가 주나.

**고스트 독** Ghost Dog: The Way of the Samurai 1999/18/1h 56m
**Director** Jim Jarmusch
**Writer** Jim Jarmusch
**Stars** Forest Whitaker·Henry Silva·John Tormey

# 예수는 모든 세기,
## 어느 어두운 지하에서 매번 부활한다

몬트리올 예수

Jésus de Montréal

연극과 영화는 비슷한 속성을 지닌 듯 보이나, 본질적으로 다른 면이 많다. 기원과 태생을 따지면 극과 극으로 분리될지도 모른다. 연극은 고대에서부터 존재해 왔고, 영화는 19세기 이후 기술문명의 소산이다. 그럼에도 사람이 연기를 하고, 시공 배경에 따른 분장 및 세트와 일정한 줄거리를 가진다는 점에선 다를 바 없어 보인다. 하지만 그것을 관람하는 입장에서 받아들이는 물리적 밀도는 또 다르다.

### 영화 속의 연극, 연극 속의 성경

영화는 가상의 평면으로 반복 재연 가능하지만, 연극은 그렇지 않다. 일정 기간 똑같은 작품에서 똑같은 사람이 똑같은 연기를 하더라도 여러 상황 변수(배우의 컨디션이나 연출의 심기 등)에 따라 조금씩, 때로는 완전히 다른 반향이 생길 수도 있다. 그 점이 영화가 살려낼 수 없는 연극만의 독자적 생동감일 것이다. 데니 아르캉 감독의 <몬트리올 예수>(1989)는 연극의 그러한 특성을 스크린에 재현한 매우 독특한 영화이다.

영화는 예수의 수난극을 매개로 진행된다. 몬트리올의 가톨릭 교구에선 매년 성당 소유의 산중에서 예수의 수난을 연극으로 재연한다. 기본적으론 선교 또는 전도의 목적일 터이나, 십 년을 공연해 온 만큼 시대와 사람들의 정서도 변화하기 마련이다. 그런 차원에서 새로운 인물을 연출 및 예수 역할로 끌어들이는데, 다니엘 콜롱(로데어 블루토)이라는 청년이 그 책무를 맡게 된다.

다니엘은 왜소한 체구에 조용한 목소리로 말하나, 어딘지 신비스러워 보이는 인물이다. 음악학교를 수석으로 졸업하고 연극을 독학했다고 하는데, 몬트리올로 돌아오기 전 오랫동안 여행을 다녔다고만 할 뿐(인도나 네팔 등지를 떠돌았다는 건 마지막에 살짝 언급된다), 그 외 다른 개인적 사정은 아무도 모른다. 가족의 존재 여부조차 알 수 없다. 다니엘은 기존에 공연되던 연극의 내용을 제 손으로 바꿔보려고 계획한다. 그러면서 배우들을 섭외하러 다닌다.

## 이런 비천한 인물들이 예수를 전한다고?

이전에도 작품에 참여했던 중년 여배우 콘스탄스(조한느 마리 트렘블레이)가 맨 먼저 캐스팅된다. 그녀는 혼자 딸을 키우며 급식소에서 일하는 중이다. 콘스탄스가 공연을 관할하는 사제와 밀월 관계라는 건 영화 초반에 대놓고 드러난다. 신자라면 어딘지 불경스럽다는 느낌을 지울 수 없는 설정이다. 그런데 여기서 그치지 않는다. 다니엘과 콘스탄스는 같이 캐스팅에 나선다. 포르노 음성 더빙을 하는 중년 배우 르네(로버트 르페이지)가 합류하고 햄릿을 연기하고 싶어 하는 풋내기 마틴(레미 지라르드) 또한 고심 끝에 참여하기로 한다. 그리고 또 한 명, 아름다운 몸매를 무기로 광고계 스타를 꿈꾸던 미레유(캐서린 윌케닝)가 마리아 역으로 합류한다.

연극은 기존 성경 내용을 바탕으로 하나, 어째 교구 측에서 제안한 방향과는 다르게 흘러간다. 경찰의 호위 및 안내를 받으며 관객들은 흡사 성지 순례하듯 배우들을 좇는다. 매번 장소를 옮겨가며 배우들이 내레이션 및 여러 역할로 분해 예수의 고행을 전하는데, 관객들 반응이 심상찮다. 기적을 행하는 예수의 모습과 설교에 감화해 공연 중에 예수에게 달려들어 구원을 간청하는 사람도 있을 정도다. 공연은 큰 성공을 거두나, 교구 측에선 마뜩잖다. 마리아가 미혼모라는 설정, 예수가 로마 병사의 아들이라는 암시 등을 딴지 걸며 내용을 수정하라 압박을 가한다.

하지만 관객들의 반응은 상반된다. 성경의 메시지가 현대 사회에 전달되는 방식에 대한 다니엘 나름의 천착이 설득력을 얻는 셈인데, 다른 배우들도 성경 내용에 저절로 감화되어 이전과는 다른 사람으로 거듭나기 시작한다. 요컨대, 세상의 음지에서 못 이룬 꿈, 그러나 알고 보면 자본과 그로 인한 세속적 욕망과 허울에 불과한 제도적 허영의 올가미에 묶인 채 자기 자신을 파묻듯 살아온 것에 대한 자각이 생겨나는 것이다. 특히 미레유가 그러하다.

## 연기 속에서 개심하는 배우들

미레유는 다니엘을 알기 전, 거만한 광고제작자 저지의 애인이었다. 저지는 미레유에게 "너는 몸뚱이가 재산이야!"라고 엄포한다. 일종의 '가스라이팅'이다. 미레유도 당연히 자신의 몸으로 부와 명예를 얻을 수 있을 거라는 허영에 사로잡혀 살았었다. 그런데 저지의 굴레에서 벗어나 다니엘과 일하면서 미레유는 새로운 삶에 눈뜬다. 그러면서 다니엘을 사랑하게 된다. 영화에서 주제의 일부를 드러내 보여주는 장면이 있다.

미레유는 산중 수난극을 연기하는 도중에 한 맥주 광고 오디션에 참여하게 된다. 오디션에 합격하면 파리로 날아가 이름을 알릴 수 있는 마지막 기회라 여기는 건데, 다니엘이 동참하게 된다. 오디션 현장은 수난극과는 완전 다른 분위기다. 그야말로 자본과 제도와 그로 인한 노골적인 여성 상품화가 호화찬란하게 전시된다. 허름한 일상복 차림으로 참여한 미레유에게 오디션 감독은 탈의를 강요한다. 이때, 다니엘이 무대로 달려간다. "더 화끈한 걸 보여줘?"라 소리치며 집기와 카메라들을 부수자 광고회사 직원 등이 꽁무니를 뺀다. 다니엘은 그 죄로 공연 중 경찰에 연행된다. 벌거벗은 채 십자가에 매달린 연기를 하는 도중 경찰이 찾아와 미란다 원칙을 고지하는 장면은 우습기도 절묘하기도 하다. 현대의 예수는 결국 제도의 수갑에 채워져 법원 피고석에 앉게 된다.

연극에서 관객이 참여하거나 관객마저 무대의 한 요소가 되는 건 베르톨트 브레히트 이후, 현대 연극의 주요한 특징이 되었다. 연극의 전통적인 규칙 및 형식을 깨는 것인데, <몬트리올 예수>에선 연극의 그러한 속성을 풍자하는 장면이 적잖게 숨어있다. 다니엘이 법원에 가 있는 동안 수정한 대본을 들고 온 사제를 배우들이 희롱하는 장면이 대표적이다. 배우들이 코미디 프랑세즈 스타일, 뉴욕의 메쏘드 스타일, 할렘의 건달, 가부키 스타일 등으로 변주하며 성경을 읊어대자 사제가 질겁한다. 권력화돼버린 전통과 그리하여 인간의 상상력과 자유를 옥죄게 된 형식에 대한 감독의 비판의식이 반영된 것이라 여겨지는데, 그건 성경에 관해서도 마찬가지다.

영화에서도 언급되듯 성경은 예수 사망 이후 한 세기에 걸쳐 쓰인 책이다. 제자들의 증언과 구전 등을 바탕으로 완성된 짜깁기라 해도 틀리지 않는다. 그런 경전을 두고 인류는 2천 년 동안 온갖 해석과 오해와 불신과 외곬의 신앙 사이에서 방황해 왔다고 해도 과언 아니다. 영화는 바로 그 지점을 물고 늘어진다. 2천 년 전의 불확실한 역사적 인물이 어떻게 현재를 사는 사람들을 여전히 감화시키고, 심지어 그로 인한 맹목과 불신, 전쟁까지 일으키게 되는지에 대한 반성적 고찰이라고도 할 수 있을 정도다.

그는 다만 예수가 행한 그대로를 연기했을 뿐이다

인류의 모든 역사를 통틀어 봤을 때, 신앙 역시 하나의 투쟁임에 분명하다. 그런데 그 투쟁이 한 개인이나 집단 내부의 독단적 신념이나 제도에 의해 강행되는 외부적 분쟁으로 화할 때, 인류는 위기에 봉착한다. 역사상 벌어진 수많은 종교 전쟁이 그 사실을 반증한다. 신앙의 투쟁은 신앙 자체에 대한 끊임없는 재고와 회의를 바탕으로 전개될 때 더 깊이 있는 감화와 진정성을 발휘하게 된다. '거듭난다'는 것. 혹은 개심(開心)과 회심(回心)은 밑바닥을 모두 들춰내는 순수 고행에 의해서나 반짝이는 아주 진귀한 보석의 발굴에 다름 아니다. 다니엘은 성경 원전을 손대거나 임의로 수정한 게 아니라, 쓰여진 그대로, 다시 말해 예수가 행한 그대로를 연극으로 보여줬을 뿐이다.

그럼에도 제도화된 교구와 거기에 밀착한 모든 정치 경제 문화적 시스템들은 성과 속을 나눈 상태에서 서로를 교환 체계 삼아 자신들의 배를 불리는데 급급하다. 수난극을 통해 명성을 얻은 다섯 배우에게도 온갖 유혹들이 빗발친다. 그런데 그 모두가 예수 혹은 현대의 신이라 불리는 자본 및 관료제의 현란한 스펙터클에 지나지 않는다(이것이야말로 진짜 엉터리 연극 아니던가). 수난극을 통해 개심한 배우들은 스스로 자기 자신을 새롭게 받아들이는 '다른 사람'(연기라는 게 곧 '다른 사람'이 되는 것 아닌가)이 되어 버렸다.

### 현대의 예수는 어떻게 부활하는가

그러나 여전히 굳건한 제도는 그들을 방해한다. 교구에

선 경찰력을 동원해 다니엘 일행이 강행한 공연을 막으
려 한다. 그러다가 소동이 일어난다. 관객들은 이미 배우
들 편이다. 다니엘이 매달려있던 십자가가 쓰러진다. 병
원에 실려 간 다니엘은 끝내 죽는다. 아니, 끝내 죽어 다
시 살아난다. 말 그대로 '부활'의 20세기 버전이라 아니
할 수 없는 이 영화의 클라이맥스다. 절묘하고, 애잔하
고, 슬프고, 그러면서 또 환희에 가득 찬 성가가 다니엘
이 사망한 지하철역에 고요히 울려 퍼진다. 36년 전, 한
예수가 그렇게 부활해 또 다른 예수를 찾는 듯하다. 21
세기가 다시 인류 최초의 1세기 같아진다고 하면, 과찬
일까 망상일까.

몬트리올 예수Jésus de Montréal 1989/15/1h 58m
**Director** Denys Arcand
**Writer** Denys Arcand
**Stars** Lothaire Bluteau·Catherine Wilkening·Johanne-Marie
Tremblay

# 괴물은 내 그림자 속에서 눈뜬다

맨헌터

Manhunter

영화 역사상 가장 마력적인 캐릭터라 할 수 있는 한니발 렉터가 전 세계에 알려진 건 조나단 드미 감독의 <양들의 침묵>(1991)을 통해서였다. 새삼 말할 필요도 없이 유명한 작품이다. 이후, 영화는 시리즈로 제작된다. 리들리 스콧이 <한니발>(2001), 브렛 레트너가 <레드 드래곤>(2002)을 연이어 연출하고 5년 후 피터 웨버 감독이 시리즈의 프리퀄 격인 <한니발 라이징>을 연출했다. 하지만 이후 한동안 렉터는 스크린 뒤로 숨어버린다.

한니발 렉터가 처음 스크린에 등장한 때는?

한니발 렉터가 다시 등장한 건 2010년대로 넘어와서다. TV 시리즈로 제작되어 다시금 한니발 신드롬을 일으킨다. 그런데 그보다 훨씬 이전인 1986년에 한니발 렉터는 이미 영화에 등장했었다. 마이클 만이 연출한 <맨헌터>였다. 이후 마이클 만은 <히트>(1995), <콜레트럴>(2004) 등의 작품으로 세련되고 역동적인 미장센의 명인으로 평가받게 된다. 하지만 마이클 만의 세 번째 장편 연출작인 <맨헌터>는 저예산으로 제작되었고, 반응도 신통찮았다. 그러다가 40여 년이 지난 최근에야 새삼 주목받고 있다. 재발굴된 '소소한 명품' 같다고나.

<맨헌터>의 원작자인 토마스 해리스가 『레드 드래곤』을 발표한 건 1981년이었다. 원작과 같은 제목으로 두 번째 영화화된 건 정확히 21년 후다. 에드워드 노튼이 FBI 요원 윌 그레이엄을 연기한 바로 그 <레드 드래곤>이다. 물론, 사람들 대부분은 <양들의 침묵>을 통해 한니발 렉터를 알게 됐지만, 토마스 해리스가 『양들의 침묵』을 처음 출간한 건 1988년이었다. 소설 『레드 드래곤』에서 불가사의한 느낌의 조연이자 어딘가 불완전한 배후로 등장한 렉터 박사가 소설 『양들의 침묵』을 통해 희대의 살인마로 완성되어 영화 <양들의 침묵>을 통해 비로소 자신만의 카리스마를 드러낸 것이라 할 수 있다.

<맨헌터>는 그런 배경을 알고 봐야 어느 정도 실마리가 잡히는 영화다. 개봉 당시 평가가 나빴던 것도 어쩌면 그런 점에 연유할지도 모른다. 원작 소설을 먼저 접한

다음, <레드 드래곤>을 보고 나서 <맨헌터>를 보게 된 경우가 아니라면, 사뭇 엉성하고 비약이 심한 영화로 여겨질 수도 있다. 비교적 원작에 충실하나 주인공들의 깊은 내면이나 심리적 동인들이 잘 드러나지 않은 상태에서 겉핥기식으로 서사만 도려낸 느낌이 강하다. 특히, <맨헌터>에서는 '이빨 요정'이라 불리는 살인마 프란시스 달러하이드(톰 누난)가 어떤 연유로 괴물이 될 수밖에 없었는지에 대한 전사前史가 전무하다. 그저 한니발 렉터를 체포했던 윌 그레이엄(윌리엄 피터슨)의 심리적 혼란만 아스라이 묻어날 뿐이다.

## 혼란스러운 주인공, 혼란스러운 서사

브렛 래트너의 2002년 작품과 비교해도 이 작품은 여러모로 허술한 측면이 많다. 에드워드 노튼과 안소니 홉킨스가 밀고 당기듯 보여줬던 팽팽한 긴장감도 느껴지지 않는다. 물론, 이런 판단에는 소설과 영화가 발표된 시기에 기인한 착종도 한몫한다고 할 수 있다. 다 아는 이야기인 것 같은데, 전혀 다른 느낌을 주는 것. 애초에 알고 있던 것을 전혀 다른 시기에 다른 방식으로 전달받는 것 같은 도치된 기시감도 염두에 둘 수밖에 없을 거다. 이래저래 혼란스러운 영화라 아니할 수 없다.

그래서일까. <맨헌터>는 어째 시대를 잘 알 수 없는 영화처럼 여겨지기도 한다. 1980년대 할리우드 스릴러의 전형이랄 수 있는 요란스러운 활극은 마지막 그레이엄과 달러하이드의 격투 장면 외엔 거의 없다. 엽기 살인 행각이 보여주는 끔찍하고 잔혹한 시체의 모습도 상징적으로만 처리될 뿐이다. 이 영화는 오히려 다른 측면에서 시각을 자극한다.

영화의 전체 톤은 연쇄살인마가 등장하는 스릴러라기엔 지나치게 맑고, 세련되다. 잘 손질된 유리 세공품을 바라보는 듯한 느낌도 드는데, 그건 결국 영화의 주제와도 상통하는 방식이다. 주인공 그레이엄은 한니발 렉터를 체포할 당시 사람을 쏴 죽인 적 있다. 그러면서 자신도 심한 상처를 입었다. 외상도 심했지만, 내상이 더 컸다. 그가 살인범을 추적하는 방식은 이른바 '프로파일링 기법'이다. 지금은 범죄 수사의 필수 요소로 자리 잡았지만 1980년대 당시만 해도 그리 상용화된 수사 기법은 아니다. 원작 소설의 배경은 1970년대 후반이다. 아직 '사이코패스'라는 단어도 공식 용어로 지정되지 않았을 때이다.

### '이빨 요정'은 어쩌다 괴물이 되었나

그레이엄은 렉터 박사를 감옥에 집어넣은 후 아내 몰리

(킴 그리스트)와 함께 플로리다의 해변에서 보트를 수리하며 살고 있다. 그러다가 보름달이 뜬 밤이면 일가족을 몰살시키는 '이빨 요정' 사건이 연이어 발생한다. 그레이엄의 동료였던 FBI 요원 잭 크로포드(데니스 파리나)가 그레이엄에게 도움을 청하러 찾아온다. 고심 끝에 그레이엄은 집을 떠나 수사팀에 합류한다는 스토리. 원작 소설 및 후에 제작되는 <레드 드래곤>과 거의 같은 전개다.

영화는 원작 소설의 내용을 핵심만 뽑아내듯 전개되지만, 결말은 거의 완전히 다르다. 소설은 결과적으로 비극으로 끝나지만, 영화는 그레이엄과 몰리가 아들과 함께 해변의 노을을 바라보는 행복한 장면으로 끝난다. 브렛 래트너의 <레드 드래곤> 역시 그 점에선 <맨헌터>와 유사하다.

그레이엄이 수사하는 방식은 독특하다. 수집된 증거들을 토대로 현장에 직접 들러 살인마가 생각하고 실행했던 방식을 살인자의 관점에서 유추해내는 방식이다. 그 어떤 첨단 수사 도구나 기법도 꿰뚫어내지 못하는 범죄의 단서를 오로지 자신의 감정이입(?)만으로 찾아내는 것인데, 참 별난 재주가 아닐 수 없다. 그레이엄은 바로 그 재주 때문에 스스로 고통받는 인물이다. 그럼에도 '이빨 요정'의 정체가 묘연해지자 그레이엄은 자신이 체포

한 한니발 렉터(브라이언 콕스)를 만나러 감옥을 찾아간
다. 일종의 자문(?)인 셈. 렉터 박사와 그레이엄의 심리
전이 중대 관건이지만, 원작 소설도 영화도 그 부분엔 큰
공을 들이지 않는다. 소설은 향후 렉터 박사의 존재감을
드러내는 암시가 마지막에 드러나지만, 영화에서 렉터는
더 이상 마수를 뻗치지 않는다. <맨헌터>의 핵심 인물은
그레이엄이다.

## 사이코패스의 내면을 추적하는 사이코패스

제임스 팰런이라는 미국의 뇌과학자가 있다. 당대 사이
코패스 연구계의 권위자라 알려져 있다. 그는 어느 날 여
러 범죄자의 뇌를 스캔한 사진을 검토하다가 충격을 받
는다. 전형적인 사이코패스의 뇌 구조를 가진 어떤 이의
사진을 보게 되는데, 사진 수백 장의 주인공들을 조사해
본 결과, 그 사진의 주인공이 자신이라는 걸 알고 충격을
받는다. 이후, 자신의 친족들을 조사해 보니 수백 년 동
안 끔찍한 범죄를 저지른 살인자들 일색이다. 그럼에도
제임스 팰런은 단 한 번의 범죄도 저지른 적이 없다. 기
나긴 연구 끝에 그는 사이코패스라 해도 여러 환경적 요
인과 학습에 따라 범죄자가 되지 않는 경우도 많다는 결
론을 끌어낸다. 이후 그는 여러 사이코패스 다큐멘터리
및 범죄 행위에 대한 자문을 맡게 된다. 그는 <맨헌터>

가 개봉했을 당시, 아내와 함께 영화를 관람했다. 아내가 제임스에게 말했다. "저 주인공 꼭 당신 닮았어." 그레이엄을 두고 한 말이다.

<맨헌터>에서 감옥으로 자신을 찾아온 그레이엄에게 한니발 렉터가 말한다. "당신이 나를 잡을 수 있었던 건 당신도 나와 똑같은 사람이기 때문이야." 그레이엄 역시 그 사실을 알고 있다. 그의 재능과 갈등은 거기에서 기인한다. 그는 잡는 자이자 스스로 잡히는 자고, 살리는 자이자 스스로 죽이는 자이다. 그런 차원에서 <맨헌터>의 영화적 장점은 기술적으로 분명하다. 그레이엄은 사건 현장을 찾는다. 시체도 증거도 없이 살인이 행해진 공간에서 스스로 살인자가 된다. 일종의 빙의라 할 만하다. 그는 거기에서 범인과 싸우는 동시에 자신과 싸운다. 가족과 평화로운 일상을 꿈꾸지만, 그에겐 그 어떤 일상적 행복도 가면이거나 위장에 불과하다. 말끔하게 단장된 회백색 공간에서 유령과 싸우는 세련된 미장센이 이 영화의 가장 큰 매력이다. 이미 지워진 핏자국을 살인자의 뇌로 들어가 비로소 되새겨내는 윌 그레이엄.

"당신이 나를 잡을 수 있었던 건 나와 똑같은 사람이기 때문이야"
한니발 렉터는 그레이엄을 교묘히 조종한다. 그러나 <

맨헌터>에선 렉터의 흑막이 잘 드러나지 않는다. 원작 소설에서 렉터는 모든 사건이 끝날 무렵 점점 부풀어 오르는 잿더미 위의 안개처럼 흑막을 드러내면서 큰 그림자를 남긴다. 감독은 거기서부터 그레이엄을 억지로 끄집어내고 싶었던 걸까. 5년 후 제작된 <양들의 침묵>에서 한니발 렉터는 훨씬 우람하고 압도적인 존재감을 표출한다. 이후 연작들에서 그레이엄의 후일담이 간혹 전해지곤 한다. 원작 소설에선 술에 찌든 폐인으로 설정돼 있다. 그럴듯하지만, 왠지 믿기지 않는다. 그가 정말 사이코패스라면 말이다.

**맨헌터** Manhunter 1986/18/2h
**Director** Michael Mann
**Writers** Thomas Harris·Michael Mann
**Stars** William Petersen·Kim Greist·Joan Allen

“나? 바늘 하나로 세상 잡아먹을 사람이야!”

나이트 크롤러

Nightcrawler


<나이트크롤러>(2014)는 시나리오 작가였던 댄 길로이의 첫 번째 연출작이다. 그는 이 영화로 87회 아카데미 각본상을 받았다. 전체 줄거리는 단순하고 밋밋한 편이지만, 루이스 블룸(제이크 질렌할)이라는 소시오패스 캐릭터를 섬뜩하게 창조했다는 점에 큰 점수를 준 듯하다. '나이트 크롤러'는 사고나 사건 영상을 촬영해 방송국과 거래하는 사람을 뜻한다. 방송 시스템에 기생하는 사기꾼 혹은 협잡꾼이라 할 수 있다.

## 당신은 뉴스를 정말 믿습니까?

영화는 현대 사회에 방송과 언론 시스템이 어떤 식으로 작동하고 있는지 적나라하게 까발린다. 언뜻 과장 아닌가 싶지만, 실제로 벌어지는 언론의 악행(?)은 영화보다 더 심할 수 있다. 예나 지금이나 잔혹한 범죄 사건 혹은 대형 사고는 언론의 좋은 먹잇감이다. 사람들은 방송에서 보도하는 사건 현장을 보면서 공포와 흥미를 동시에 느낀다. 엽기 살인마의 범죄 방식이나 대규모 교통사고 등은 며칠에 걸쳐 시리즈처럼 전파를 타기도 한다.

소위 '알 권리'를 빙자한 TV쇼가 한 사회의 중심 화두로 떠오른다. 그것을 통해 방송국은 시청률을 끌어올린다. 여러 방송사가 그 경쟁에 뛰어든다. 송출되는 영상과 메시지는 좀 더 과격한 선정성을 띠게 된다. 대중은 공포에 질겁하다가 이내 공포에 중독 혹은 마취된다. 더 짜릿한 뉴스 없을까? 좀 더 확 깨는 '껀수' 없을까?

방송국이 주도하고 대중이 반응하면서 형성되는 일종의 가상 드라마. 실제로 벌어진 사건이 느닷없이 허구처럼 변형돼 사건과 무관한 다른 이야기 혹은 다른 사건들을 연쇄적으로 불러일으킨다. 이 세계에 '소스'는 무궁무진하고, 만약 존재하지 않는다면 일부러 만들어낼 수도 있는 게 언론 시스템이다. 견강부회와 뻥튀기는 모든 언론의 특장이다. 레거시 미디어뿐 아니라 요즘엔 SNS와 동영상 채널을 통해 그 어떤 뉴스도 가공할 수 있다. 루이스 블룸은 그 점을 꿰뚫어 세계와 담판(?)을 벌인다.

# 카메라 뒤가 더 흥미진진하다

루이스는 과거가 없는 인물이다. 과거에 대한 언급이 나올 때마다 그는 차갑게 침묵한다(절도죄 정도의 전과가 있음 직한 단서들이 있긴 하다). 그는 철조망이나 맨홀 뚜껑 따위를 몰래 훔쳐 팔아먹는 좀도둑이다. 몸도 머리 회전도 민첩하다. 비쩍 마르고 창백한 얼굴에 눈빛엔 간교함과 광기가 뒤섞여있다. 자신의 목적을 위해선 누구보다 열심히 일하고 공부한다. 고졸이지만 인터넷을 통해 많은 분야에 대한 지식을 가지고 있고 이해력과 응용력이 뛰어나다. 거침없고 다부진 화술까지 갖췄다. 그럼에도 직업 없이 LA의 밤거리를 부유한다. 그러다 꽂힌 게 나이트크롤러다.

그는 작은 집에서 혼자 산다. TV 보기와 인터넷 서핑, 그리고 화분에 물 주기가 일상의 대부분이다. 바늘로 옷을 뜨개질하는 장면도 나온다. 우연히 나이트크롤러의 세계를 알게 된 루이스에게 그 일은 최상의 직업이 된다. 어리숙해 보이는 어린 조수까지 고용해 제대로 한판 벌이기 시작한다. 경찰 무선망을 따고 싸구려 캠코더를 마련한 루이스는 고철 덩어리 도요타 승용차를 끌고 LA 밤거리를 '순찰'한다.

그러다가 한 차량 절도 사건과 마주친다. 코리아타운 (한글 간판이 여럿 보인다)에서 한 동양인 남성이 총에 맞아 죽는다. 루이스는 경찰의 방어막 사이를 헤집고 참혹한 시체를 근접 촬영한다. 그러곤 KWLA 6 방송국을 찾는다. 대뜸 보도국장 니나 모리나(르네 루소)에게 촬영한 영상을 보여준다. 시청률 압박으로 입지가 위태로워진 니나가 반색한다. 방송의 윤리성 등을 문제 삼는 검열 팀의 만류에도 불구하고 즉각 방송을 내보낸다. 반향이 크다. 루이스는 이제 니나를 구워삶기 시작한다.

## 저 괴물, 어째 낯설지 않아

루이스의 배포(?)는 점점 커져간다. 거의 부랑자에 가깝던 삶이 때깔 좋게 변신하기 시작한다. 구닥다리 도요타를 잘 빠진 빨간 스포츠카로 갈아치우고 카메라 또한 최신 장비로 교체한다. 그럼에도 조수 릭(리즈 아메드)의 급여는 그대로다. 릭은 툴툴거리면서도 루이스의 깐깐하고 강압적인 논리에 맥도 못 춘 채 시키는 대로 움직일 뿐이다. 루이스는 이제 무서운 게 없어 보인다. 사건과 사고는 어느 대도시에서든 일상이다. 언론에 보도되지도 않고 소리소문없이 밤거리 속에 지워지는 사건들도 태반이다.

루이스는 그것들을 채집하는, 일종의 콜렉터이자, 그것들을 조리해 스토리를 조작해내는 르포작가가 된다. 그가 채집한 르포는 니나를 늘 만족시킨다. 그 대가는 일차적으론 돈이지만, 궁극적으론 언론과 대중이 야합한 욕망 충족이다. 루이스는 도시의 어두운 욕망을 '창조'해내는 괴이한 빌런이 된다. 이 영화를 위해 9kg이나 감량한 제이크 질렌할의 실제 노력이 실제론 존재하지 않는 인물의 핍진성과 개연성을 북돋는 점도 기묘한 아이러니다.

어째 정말 저런 타입의 인간을 실제로 만나본 것 같은 착각이 들 정도다. 어쩌면 루이스는 뉴스 화면 뒤에 숨은 언론의 진짜 모습일지도 모른다. 직접 만나진 않았지만, 티브이만 틀면, 혹은 유튜브만 접속하면 언제나 마주하게 되는 인물들. 보는 이의 삿되거나 비틀린 욕망을 대리 충족해주며 시선을 끌고, 엄연한 사실과 진실을 왜곡 혹은 과장하여 보는 이가 보고자 하는 것, 생각하고자 하는 것만 부각시켜 세계 전체를 오도케 하는 비밀의 협잡꾼들. 그 원리를 간파한 루이스는 이내 사건을 만들어내기까지 한다.

### 사건 채집자, 사건 창조자가 되다

영화는 후반부로 갈수록 흥미진진해진다. 그런데 그

'흥미'라는 게 언론에서 흔히 이용하는 선정적 부각 방식을 그대로 따른다. 사실은 변함없으나, 그 사실을 전달하는 방식에 모종의 '연출'이 작동하게 되는 거다. 교외 어느 부유한 저택의 강도살인 현장에서 루이스는 언론의 기본 법칙을 위배한다. 경찰의 저지선을 무시하고 피해자의 신상을 노출할 만한 단서들을 촬영하곤 눈 가리고 아웅 하는 식으로 편집한다. 화면에 훤히 드러난 시체의 얼굴은 대충 모자이크 처리하는 식이다. 그러면서 다음 사건을 예고하다시피 한다. LA 시민 전체가 불안에 휩싸일 정도다. 2탄을 기대하시라?!

충실한 조수 릭과 함께 루이스는 현장에서 목격한 범죄자들을 추적한다. 그러다 결국 실제로 예상했던 사건이 예상치 못한 방식으로 발생한다. 루이스는 그 현장을 대놓고 카메라에 담는다. 어쩌면 벌어지지 않았을 수도 있고, 벌어졌더라도 전혀 다른 방식으로 벌어지거나 애초에 막을 수 있을지도 몰랐던 참상이 실제로 일어나게 되는 것인데, 이 순간 루이스는 득의만면이다. 그가 카메라를 들이댄 현장에는 시체들이 널브러져 있다. 그는 이른바 '사건의 창조자'가 된 셈이다.

## 사실을 편집할 뿐, 진실을 말하지 않는다

언론의 도덕성 혹은 언론이 말하는 정의라는 건 항상 모호하고 임의적이다. 언론인들은 늘 자신이 정의와 선한 인간의 편에 선다고 말한다. 권력의 감시자이자, 대중의 편에서 진실만을 말한다고도 선전한다. 강한 영향력을 지닌 언론이 초점을 비틀어 몇 마디 던지면, 그 언론을 지지하거나 비슷한 의견을 가진 사람들은 일종의 아젠다를 선점하면서 공생하게 된다. 그러면서 흑백과 선악이 나뉜다. 선과 정의가 그렇게 재조립(?)된다. 사실은 사실로서 존재하되, 그 사실을 전파하거나 전해 듣는 입장에 따라 사실은 사실의 본질과 무관하거나 때론 전혀 반대되는 의견들을 수렴하여 재편집한 집단적 진실로 오도된다. 수만 가지 언론이 난립하는 지금, 그 어떤 언론도 진실을 얘기하지 않는다. 사실을 편집하고, 특정 입장이나 의견에 기대어 일방의 확증만 조장할 뿐이다.

앞서 루이스를 기생하는 존재라 했었다. <나이트크롤러>는 그 기생물이 점점 숙주를 갉아 먹어 스스로 본체가 되어간다는 암시로 끝난다. 웬 엉뚱한 은둔형 외톨이가 타고난 기지와 감각을 자생력 삼아 언론을 지배한다는 데까지 생각이 미치면 이 영화가 돌연 공포영화처럼 여겨지기도 한다. 바늘로 옷을 꿰는 장면이 잠깐 나온다고 말했었다. 바늘 도둑이 소도둑 넘어 세상 도둑이 되는 일. 섬뜩한 일이지만, 어째 너무도 익숙한 것 같아 무감해지기도
하니, 그게 더 소스라칠 일이다.

**나이트 크롤러** Nightcrawler 2014/18/1h 57m
**Director** Dan Gilroy
**Writer** Dan Gilroy
**Stars** Jake Gyllenhaal·Rene Russo·Bill Paxton

# 강물은 결국 과거로 흐른다

미스틱 리버

Mystic River

삶에서 절대 잊히지 않는 날이 누구에게나 있다. 대체로 기쁨이나 축복보다는 고통과 상처로 남은 날이다. 행복은 잠깐 스쳐 지나가는 신기루와도 같다. 실제로 겪었으나 그 겪음의 여파가 오래가지 않는다. 그래서 더 간절히 붙잡으려 하나 손에 잡히는 순간, 또 다른 시간의 페이지 속에 묻혀 금세 잊힌다.

## 과거 속으로 휩쓸려가는 사람들

반면에, 고통은 그렇지 않다. 한번 상처 입은 사람은 때로 죽을 때까지 그 상처 속에 갇혀 산다. 하나의 낙인이거나 불행의 표식처럼 부지불식 시간의 더께를 털어내며 오늘을 과거 속으로 끌어당기기도 한다. 클린트 이스트우드 감독의 <미스틱 리버>(2003)는 과거의 강물 속으로 휘말려 들어가는 사람들의 이야기다.

현존하는 미국 추리소설의 대가 데니스 루헤인의 동명 소설이 원작이다. 굉장히 긴 분량의 소설인데, 클린트 이스트우드는 130여 분의 러닝타임 속에 소설의 핵심 요소들을 밀도 높게 집약시켰다. 인물들의 심리와 마을 풍경들이 예리하게 맞물리면서 허투루 나열되는 장면 하나 없을 정도로 꼼꼼한 디테일이 분초마다 뜨끔하게 뇌리를 찌른다. 물론, 배우들의 명연 덕일 거다.

1970년대 보스턴의 한 작은 마을이 배경이다. 마을 외곽으로 강이 무연히 흐르고 라디오에선 메이저리그 야구 경기가 중계 중이다. 한가하고 나른한 풍경. 10대 초반의 남자아이 세 명이 하키스틱을 들고 놀다가 맨홀에 퍽을 빠뜨린다. 마을 아래로 흐르는 하수구 입구, 그 물은 아마도 강으로 흘러갈 것이다. 하키 놀이를 그만둔 아이들이 어느 공사장 입구에 발라진 시멘트에 자신들의 이름을 새긴다. 지미, 숀, 그리고 데이브.

왜 세 아이 중 그였을까?

그때. 검은 중형 세단 한 대가 아이들 앞에 멈춰 선다. 건장한 체격에 경찰 배지를 허리에 찬 중년 남자가 아이들을 위협한다. 자동차 안에도 한 남자가 있다. 남자가 주눅 든 아이들을 위협하면서 그들 중 가장 소심해 보이는 데이브를 강제로 차에 태운다. 다른 아이들은 멀뚱히 바라만 본다. 자동차 뒷유리를 통해 친구들을 돌아보는 데이브의 얼굴이 흐릿하다. 이후 데이브는 남자들에게 나흘 동안 감금당한 채 성폭행을 당한다.

그리고 25년이 지난다. 영화는 그 세월 동안 아이들이 어떻게 성장해 왔는지 보여주지 않는다. 지미 마컴(숀 펜)은 마을에서 마트를 운영하고, 데이브 보일(팀 로빈스)은 아내와 야구 선수를 꿈꾸는 남자아이를 키우며 노동자로 일하고 있다. 부유한 가정에서 성장한 숀 디바인(케빈 베이컨)은 4년제 대학을 졸업하고 형사가 되어 있다. 그저 한동네에 오래 산 이웃에 불과할 뿐, 셋은 더 이상 어릴 때만큼 친하지 않다. 그들이 격조해진 까닭 역시 영화는 구구절절 설명하지 않는다.

지미는 마트 사장이지만, 어딘지 과거가 미심쩍다. 그에겐 케이트라는 19살짜리 딸이 있다. 사망한 전처 사이에서 태어난 아이다. 부녀의 애정은 각별해 보인다. 영화 초반에 그 각별함을 과하다 싶을 정도로 드러내는 장면이 있다. 지미에게 케이트는 아직 미성년에 불과하지만, 그 또래 여자아이가 으레 그렇듯 케이트는 부모 몰래 남자 친구도 사귀고 있다. 케이트가 지미를 만나고 나서 마트를 나와 자신의 차에 탄다. 이후, 비극이 시작된다.

## 범인은 마을 안에 있다?!

차를 타고 떠났던 케이트는 다음 날 시체로 발견된다. 총격과 폭행 흔적이 참혹하다. 하필 작은딸의 성체배령을 하던 일요일이다. 정장 차림의 지미가 격노하며 울음을 터뜨린다. 담당 형사는 다름 아닌 숀. 동료이자 선배인 베테랑 형사 휘트니 파워스(로렌스 피시번)와 함께 수사에 착수한다. 동네 주민들에 대한 탐문 및 죽기 직전 케이트의 행방을 조사하다가 술집에서 케이트를 목격했던 데이브가 용의선상에 오른다. 숀은 그럴 리 없다고 하지만, 파워스는 단호하게 데이브를 몰아붙인다.

케이트의 죽음은 지미의 과거 행적과 데이브가 어린 시절 겪었던 감금 체험까지 들춰내는 불씨로 작용한다. 오랜 시간 한동네에 살던 사람들 사이에 의심과 오해와 반목이 발생한다. 그럴수록 범인은 더욱더 오리무중이고 서로의 감정만 이글이글 충돌할 뿐이다. 평범해 보이던 동네 전체가 하나의 음모 속에 빠져든 거대한 늪이 된다. 25년 전, 맨홀에 빠져버린 하키 퍽이 되돌아와 모든 사람의 상처를 들쑤시고 묻어뒀던 기억을 되살려내는 듯하다. 일일이 설명하지 않았던 세 친구의 성장 과정이 부지불식 또렷해진다. 시간은 오래 흘렀지만, 강은 여전히 말없이 흐르고, 그 강 속에 파묻힌 과거도 다시 핏줄 속에서 터져 나오는 상황. 영화는 갑자기 급류로 변한다.

서른 중반을 넘긴 세 친구는 시간이 흐른 만큼 어딘지 닳고 닳은 느낌이다. 마을엔 그들의 아이 및 또 다른 소년들이 살고 있다. 한 개인의 과오나 오류가 아이들에게 유전되는 건 자연스러운 일이다. 케이트를 죽인 범인을 찾는 게 영화의 기본 줄기지만, 데이브를 비롯해 그 어떤 마을 사람도 케이트를 죽일 이유는 없어 보인다. 그러다 보니 영화는 점점 범인 찾기와는 직접적 연관이 없는 다른 사실들에 주목하게 만든다. 데이브가 겪었던 고통과 상처가 그렇게 부각된다. 데이브는 괴이하고 끔찍한 경험을 지닌 인물이다. 그렇기에 더 괴이하고 끔찍한 사건과 일차적으로 밀착하는 것으로 여겨진다. 마을 사람들도, 관객들도 아마 그럴 것이다.

## 기억의 맨홀 속에 갇혀버린 자

데이브는 세 친구 중 가장 불행한 삶을 살고 있다. 과거의 심리적 내상을 떨쳐버리지 못한 채 사소한 자극에 의해서도 혼란스럽고 위험한 상태에 빠진다. 그는 자신을 흡혈귀에 물린 또 다른 흡혈귀라 여긴다. 불행한 상처가 한 개인의 인격 전부를 잡아먹어 근거 없는 죄의식에 빠지게 만드는 사례는 드문 일이 아니다. 데이브가 케이트의 살인과 유관한지 무관한지 여부는 드러난 사실 관계 너머에서 데이브를 고립된 존재로 만들어버린다. 파워스는 그 지점을 파고들어 자백을 이끌어내려 하지만 명백해지는 건 아무것도 없다. 어둠 속에서도 강물은 쉼 없이 흐르지만, 그 속을 헤아릴 순 없다. 데이브는 기억의 맨홀 속에 갇혀 자기 자신이 누구인지조차 알 수 없을 지경. 그럼에도 그는 알고 있다. 적어도 자신이 한 행위에 대해서만큼은. 그러나 그것은 누구에게도 얘기할 수 없는 사항이다. 이미 아내 셀레스트(마샤 게이든)에겐 털어놓았지만, 케이트의 죽음이 모든 걸 암흑으로 지워버린 상태이므로 본인이 설명한들 아무도 믿으려 하지 않을 것이다. 그게 또 데이브를 절망케 한다.

영화는 결국 비정하게 끝난다. 사건의 모든 전말이 밝혀지나 여전히 아무것도 해결되지 않은 듯한 여운을 남긴다. 아무도 애초부터 악하려고 악하지 않고, 그 어떤 사람도 불행한 상황에 휘말리면 악마가 될 수 있다는 일반론마저 부질없게 만드는 허망한 결론 같기도 하다. 여전히 께름칙하고, 여전히 불행은 불행한 자에게만 일방적이라는 암담함마저도 닳고 닳은 푸념일지 모른다. 간

발의 차로 빗나가는 진실 앞에서 지미도, 숀도 속수무책이다. 25년 전, 괴한에게 끌려가는 데이브를 넋 놓고 바라볼 수밖에 없었던 상황이 또다시 재연되는 것이다. 숀이 말한다. "그때 우리 모두 그 차에 탔어야 했어." 지미역시 암담하고 참담하다. 완전히 손 씻어낸 줄 알았던 범죄자의 본능이 되살아나는 걸 다시 한번 숨결 깊숙이 숨겨야 한다. 그에겐 케이트 말고도 또 다른 아이들이 있다.


### 흐르지 않는 것들은 끝끝내 사라지지 않는다


한바탕 거대한 급류가 휩쓸고 간 듯한 길 위에 둘이 서 있다. 과거를 바라보는 것이기도, 미래를 바라보는 것이기도 하다. 아니, 25년 전이나 지금이나 늘 그 자리에 없는 데이브의 불행을 멀뚱히 바라보는 것이라 해야 할까. 왜 하필 내가 아니고 데이브였을까. 또는 왜 데이브만 예나 지금이나 고개를 돌려 자신들을 책망하듯 바라보게 되는 것일까. 한번 흐른 강물은 왜 똑같은 상처를 시간 속에서 되돌려 누구에게도 말할 수 없는 아픈 비밀을 혼자 끌어안게 만드는가. 둘은 바라본다. 아이 시절로부터 멀리, 그리고 어른이 된 지금에도 여전히 맨홀 속에 감춰져 있는 자신들만의 비밀을. 강은 멈춤 없이 흐른다. 흐르지 않는 것들은 여전히 흐르지 않는 그대로 어둠 속에 숨긴 채. 시간이 거대한 타원이었던 거다.

미스틱 리버 Mystic River 2003/15/2h 18m
**Director** Clint Eastwood
**Writers** Brian Helgeland·Dennis Lehane
**Stars** Sean Penn·Tim Robbins·Kevin Bacon

# 지옥이 따로 있나? 바로 여기가 지옥이지!<sup>*</sup>

마더

Mother! <마더!>


로만 폴란스키 감독이 <로즈마리의 아기>(한국 개봉 제목 '악마의 씨')를 발표한 건 1968년이었다. 지금까지도 오컬트 공포영화의 수작이라 평가받는 영화다. 그 무렵부터 1980년대 초반까지 미국 영화계엔 오컬트 붐이 일었었다. 영화계뿐 아니라 미국 사회 전체에서 성행했는데, 월남전 및 자본주의적 사회 풍토에 대한 저항의 한 측면이라 볼 수 있다. 미국 건국의 토대가 되었던 기독교 근본주의에 큰 금을 내는 현상이기도 했다.

## 아내는 집을 고치고, 남편은 시를 쓴다

대런 아로노프스키의 <마더!>(2017)는 감독 스스로가 <로즈마리의 아기>에서 힌트를 얻었다고 공언했던 영화

---

* 한대수 [멸망의 밤] (2000) 중에서

다. 포스터에서부터 대놓고 그 영화를 오마주하고 있다. 술에 취한 듯 하룻밤 만에 시나리오를 완성했다고 하는데, 당시 연애 중이던 제니퍼 로렌스는 대본을 읽자마자 집어 던졌다고 한다. 영화가 개봉하고 평단 및 관객에게서 호불호가 극단으로 갈리는 평가를 받은 이후, 둘은 연인 관계를 청산했다. 영화계에서 흔히 볼 수 있는 주연배우와 감독 사이의 연애 가십이라 그냥 듣고 넘길 일일 수도 있다. 하지만, 과연 그렇기만 할까. 이 사실에 대한 판단은 이 글을 다 읽고, 혹은 영화를 다 보고 각자 판단해 볼 만하되, 쓸모없는 추측을 떠들어대지는 말기로 하자. 어쨌거나 남의 사생활이다.

<마더!>는 여러 관점, 다양한 맥락으로 해석할 수 있는 영화다. 기독교를 조금이라도 알고 있다면 빤히 알 수 있을 상징들(아담과 이브, 카인과 아벨 등)이 괴팍하게 변용되고, 인간이 저지를 수 있는 거의 모든 악행이 무자비하게 자행된다. 주인공 부부 관점에서 보자면 등장인물 모두 낯선 사람이다. 그리고 그 모든 낯선 사람들이 집을 잿더미로 만들어 버린다. 요약하자면 이게 스토리의 전부다. 하지만 그 가느다란(?) 줄거리에 들러붙은 상징과 은유들은 기괴할 정도로 풍부하다. 가히 스크린을 폭발시켜 버릴 듯한 영상미의 아수라장이라 할 수 있을 정도다.

시인인 남편(하비에르 바르뎀)과 아내(제니퍼 로렌스)
는 인적 드문 교외 어느 벌판에 빅토리아풍으로 지어진
저택에서 단둘이 살고 있다. 나이 차가 많이 나 보이는
데, 남편은 살던 집에 화재가 난 이후 자신의 기억 및 모
든 것을 잃었다고 말한다. 아내는 야무진 손매로 집을 수
리하고, 남편은 화재 이후 잘 써지지 않는 시를 쓰고자
애쓴다. 일견, 교외의 한적한 풍경처럼만 보인다. 영화
속에서 둘은 이름이 없다. 그리고 다른 인물들도 모두 무
명無名이다.


### 햇빛은 화사하나, 찾아오는 사람은 모두 어둡다


첫 장면을 보자. 화사한 햇빛이 드는 침대에서 아내가
잠을 깬다. 옆자리에 남편이 없다. "여보!" 하고 남편을
찾는다. 그러나, 항상 곁에 있는 듯 여겨지는 남편은 아
내가 꼭 필요로 할 때 곁을 비운다. 마지막 장면도 똑같
다. 남편은 물리적으론 늘 아내 곁을 지키지만, 아내의
마음속 어디에도 (아내가 원하는) 남편은 존재하지 않는
다. 그 빈자리를 비집고 들어오는 무수한 낯선 사람들.
그리고 그들로 인해 궤멸하는 집. 추상화시켜 말하자면,
이 영화의 주요 플롯은 이 정도로 요약할 수 있다.


조용하던 집에 웬 낯선 남자(에드 해리스)가 찾아온다.

자신을 정형외과 의사라고 자처하는 이 남자는 골초에 알코올 중독자다. 남편은 남자를 다정하게 반기지만, 아내는 탐탁지 않다. 그럼에도 남자를 환대하는 남편의 뜻에 거슬리지 않으려 차도 끓여주고 식사도 제공한다. 심지어 잠자리까지 내준다. 남자는 사양하는 듯하지만, 뻔뻔하게 방 하나를 꿰차고선 아내가 만류하는 실내 흡연까지 서슴지 않는다. 그래도 남편은 태연하다. 아내는 혼자 분을 삼킨다. 남자는 남편이 자신이 애독하는 시를 쓴 사람이란 걸 알곤 더 뻔뻔스러워진다. 그가 남편을 스토킹하다시피 하는 애독자였다는 건 얼마 안 가 밝혀진다. 남자는 일부러 그 집을 찾아온 것이다.

그러던 차에 웬 중년여성(미셸 파이퍼)이 나타난다. 남자의 아내다. 남자보다 더 뻔뻔스럽다. 아이가 없는 시인의 아내에게 갖은 오지랖을 부리면서 주접을 떤다. 아내는 신경증이 극에 달한다. 하지만 남편은 여전히 그들을 반기고, 음식을 내준다. 의사의 아내는 집안 곳곳을 자기 집인 양 들쑤시고 다닌다. 그러다가 웬 젊은 남성 둘이 나타나 소동을 피우며 싸움박질을 일삼는다. 중년 부부의 아들들이다. 그러다가 동생이 사망한다. 그 아들의 장례식이 또 저택에서 벌어진다. 별의별 사람들이 검은 옷을 입은 채 난입한다. 시인 남편이 추도사를 읊고 파티가 열린다. 집은 이미 부부의 것이 아니다. 아내가 꿈꾸던 행복은 풍비박산이다. 여기까지를 임의로 1막이라 나눌 수 있다.

## 사람은 좀비나 다름없고, 세상은 지옥이다

2막으로 넘어서면 더 극악해진다. 1막 마지막 장면이 흥미로운데, 요란법석 장례식이 끝나고 사람들이 물러가자 부부가 다툰다. 아내가 남편의 성적 불능 및 불임 상태를 암시하는 듯한 토로를 하자, 남편이 거칠게 아내를 몰아붙인다. 강압적으로 시작된 교합 중에 아내가 절정을 맛보다. 그러곤 부부가 침대에 누워있는 장면. 첫 장면처럼 햇빛이 화사하다. 아내는 자신이 임신했다고 느낀다. 남편에게 고백한다. 장면이 바뀌면 아내의 배가 만삭이다. 남편은 흡사 뮤즈라도 만난 듯 갑자기 시를 줄줄 써낸다.

영화는 이때부터 더 참혹해진다. 남편은 기필코 새로운 시를 써내고 출판까지 해서 큰 성공을 맛본다. 아내는 항상 남편이 아름다운 시를 다시 쓸 수 있기를 바랐지만, 그 희망이 커다란 재앙이 되어 돌아오는 건 순식간이다. 가질 수 없을 것만 같았던 아기를 뱃속에 품었지만, 그 역시 재앙의 씨가 되고 화근이 된다. 집은 의사 부부의 소동 때보다 훨씬 더 많은 타인의 점령지가 되어 난장

판으로 변한다. 흡사 좀비 떼가 들이닥친 것만 같은 풍경인데, 언뜻 조지 로메로 감독의 <살아있는 시체들의 밤>을 리메이크했다는 느낌이 들 정도다. <로즈마리의 아기>와 <살아있는 시체들의 밤>이 같은 연도(1968)에 개봉했다는 사실을 환기하면 거의 확증처럼 다가온다. 물론, 감독의 작의인지 우연인지 나로선 알 수 없다.

살인, 질투, 폭력, 상실 등 인간이 느낄 수 있는 모든 부정적 감정 및 행동이 저택을 궤멸시키면서 저택은 전쟁터가 된다. 비유가 아니라 실제로 군인들이 몰아닥쳐 살상을 일삼는다. 적군도 아군도 없다. 인간 자체가 그저 남을 괴롭히고 혼자 살려고 발버둥 치면서도 사랑이니 구원이니 하는 덕목들을 생존의 빌미로 뇌까리는 괴물에 불과하다. 일군의 무리로부터 시인은 위대하다고 칭송되나 정작 자기 아내를 보살필 줄 모르고, 비교秘敎 교주를 빙자한 한 인물은 아내의 아이를 봉헌물 삼으려 한다. 그러다 결국, 광기에 사로잡힌 아내가 저택에 불을 지른다. 지옥이 그렇게 정화된다. 아니, 악몽에서 깬 것이거나 혼자 상상하던 불안이 제풀에 가라앉은 것인지도 모른다. 영화는 아무 설명도 하지 않는다.

# 지옥의 시간엔 앞뒤가 없다

앞서 첫 장면과 마지막 장면을 비교했었다. 빼어박았다 싶을 정도로 똑같은 장면이다. 아내가 "여보!" 하면서 엔드크레딧이 오른다. 그것 말고도 비슷하게 반복되는 장면이 또 있다. 불타 잿빛으로 변한 집이 은은한 베이지색으로 변하는 풍경. 영화는 그렇게 시작했다가 그렇게 끝난다. 2시간 동안의 소동을 자연스럽게 열었다 여미듯 그 변화가 천연덕스럽다.

영화 속에서 이성적으로 납득할 만한 시간 순환은 없다. 어차피 모든 게 상징이자 은유로 작용하는 거대한 악몽의 스펙터클이었기에 합리적인 인과를 따질 계제도 없다. 불타서 재가 돼버린 집은 다시 뼈대만 남고, 시를 썼다고는 하나, 영화 속에서 남편이 쓴 시는 한 줄도 나타나지 않는다. 사랑으로 맺어진 부부 같지만, 그 사랑은 늘 빈자리다. 남편은 악마를 끌어모으는 사람이고, 태어난 아이는 또 다른 비극이거나 지옥의 발화점이 된다.

시란 자기 안의 타인을 불러내는 일!

그 '지옥'이 무엇을 환유하는지는 해석하기 나름이다. 어쩌면 남편이 쓴 시 자체가 영화에서 보여지는 모든 것의 원본일지도 모른다. 반복건대, 그 시는 단 한 번도 누구에 의해서도 읽히지 않는다. 썼다고 하나 보여주지 않고, 누군가 읽었다고 하나 아무도 들려주지 않는다. 어떤 시인은 '시란 자신 안의 타인을 불러내는 일'이라 밝힌 적 있다. 대런 아로노프스키는 이 영화의 시나리오를 하룻밤 만에 썼다고 했다. 시는 가끔 그렇게 쓰여진다. 그러다 금세 잊히기도 하지만, 오래도록 질기게 남아 마음에 지워지지 않는 화인火印을 새기기도 한다. 삭힌 채 내버려 뒀던 그 화인이 새삼 불타오를 때 어떤 괴상한 시가 써질 때도 있다. 여기까지만 하자. 이 영화는 길게 말할 게 없다. 아니, 누군가에겐 곱게 새로 지었다가 금세 다 타버렸기에 다시 훑고 여러 번 돌려봐야 할 것투성이일지 모른다. 모든 좋은 시는 그렇게 재독 삼독, 좀비처럼 되살아난다. 아무리 이해했다 해도 아침에 깨어난 아내 곁에 "여보!"는 늘 없을 공산이 크다. 장담할 순 없지만 왠지 그럴 것만 같다. 시란 게 그렇다.

**마더 Mother!** 2017/19/2h 1m
**Director** Darren Aronofsky
**Writer** Darren Aronofsky
**Stars** Jennifer Lawrence·Javier Bardem·Ed Harris

# 이 새로운 우주의 태아를 보라!

스페이스 오디세이

2001: A Space Odyssey

현재 40대 이상 정도 된 사람들은 어렸을 적, 21세기엔 꿈속과도 같은 세계가 펼쳐질 거라 기대했다. 로봇과 인간이 대화도 하며 우주 연락선을 타고 달까지 오고 가는 게 일상이 될 줄 알았다. 하늘을 날아다니는 택시와 지구 반대편에 있는 지인과 실시간 영상 통화는 기본일 정도. 말 그대로 공상과학만화 같은 일상이 실현되는 세상이 멀지 않았다고 믿었던 거다. 21세기가 도래한 지 25년째인 현재, 그때 상상하던 세상과 지금 모습은 얼마나 비슷하고 또 다른가.

## 20세기에 상상했던 21세기는 지금과 얼마나 비슷한가

아폴로호가 달에 착륙한 건 1969년 7월 21일이다. 56년이 지난 지금까지 닐 암스트롱이 달 표면에 발자국을 찍은 이후 왜 달나라 여행에 대한 계획엔 아무 진전이 없을까. 달 착륙에 관한 여러 음모론이 제기되는 원인 중 하나다. 그때 태어난 사람은 현재 중년을 지나 노인이 되기 직전인데, 왜 달을 휴양지 삼아 오고 가는 건 여전히 불가능할까(산업적 부가가치가 절망적 수준인 탓이라는 게 가장 현실적인 이유라 알려져 있긴 하다). 당시에 꿈꾸던 것들은 허망한 모래성에 불과했던 것인가. 대답을 궁구하기 전에 일단, 당시로 거슬러 가보자.

달 착륙 1년 전 발표된, 스탠리 큐브릭 감독의 <2001 스페이스 오디세이>(1968)는 새삼 설명할 필요도 없는 명작이다. 향후 제작된 SF영화들에 지대한 영향을 끼쳤는데, 개인적으론 아직도 이만한 작품이 탄생하지 않았다고 생각한다. 내가 과문해서일까. 혹은 지나친 편애일까. 영상 기술적 측면이나 특수효과 등이 다소 유치하고 투박할지도 모른다. 당시로선 첨단이었던 기술이 50여 년이 지나 엉성하게 느껴지는 건 당연지사다. 이 영화를 지금 관점에서 기술적 스펙터클이나 일차적 역동성 차원으로만 바라보면 껍데기만 본 것에 지나지 않을 수 있다. 이 영화는 우주와 인류, 그리고 인간 정신과 생명 탄생의 변증법에 대해 다루고 있다. 우주는 과연 대기권 바깥에만 존재하는가.

영국의 미래학자이자 SF소설의 거장인 아서 C. 클라크가 1951년 발표한 단편 「파수꾼The Sentinel」을 토대 삼아 애초부터 영화와 장편소설이 같이 기획되고 제작(집필)되었다. 그럼에도 내용이 많이 다른 편인데, 영화와 소설을 비교해서 보는 것도 흥미롭다. 특히 마지막 부분, 주인공이 분화구 속으로 빨려 들어가는 장면에 대한 묘사는 소설이나 영화나 각기 매체가 가진 특성을 최대로 끌어올린 정점이다. 소설에선 웅대한 시적 울림이 초현실적으로 드러나고, 영화에선 당시에 가능했던 최첨단의 아날로그 기술로 공감각적 파열감을 증폭시킨다. 인간의 일상적 사고나 감각 너머의 신세계를 표현해낸 것이다. 물질적 존재로서의 인간이 거대한 우주의 핵심에 맞닿아 시공을 초월하는 또 다른 개체로 탄생하는 것. 그 지점을 자각하지 않는다면 이 영화는 한없이 지루하고 황당한 망상의 편린으로만 여겨질 수 있다.

## 1960년대 문화혁명을 주도한 절륜한 고전

앞서 다소 과찬이다 싶을 정도의 감상을 늘어놓았지만, 당시나 지금이나 그렇지 않은 평가도 당연히 존재한다. 하지만 여러 기술적 측면 포함, 모든 면에서 현재보다 탁월한 심미안과 지적 성찰을 내포하고 있다는 건 변함없는 사실이다. 1968년이면 서양의 정신문화가 격변하던

시기다. 프랑스 68혁명이 있었고, 미국에선 히피 문화가
성행했다. 동시에 반문명 반기술의 기치를 내세운 러다
이트 운동(일명 기계파괴 운동)도 절정에 달했다. 이 영
화는 그 모든 분야에 막대한 선풍을 일으켰다. 록 음악
에도 크게 영향을 줬는데, 데이비드 보위의 명곡 'Space
Oddity'(1969)도 이 영화에서 영감을 얻었다. 영국의 급
진적인 밴드 더 후The Who는 자신들의 'Who's Next' 앨
범 재킷에 이 작품에 등장하는 직사각형 형태의 검은 석
판(일명 모노리스)을 그대로 인용했을 정도다. 지금으로
선 상상하기 어려운 격동적인 반향이라 할 만하다.

시작은 원시시대가 배경이다. 원숭이에 가까운 유인원
들이 포식자의 위험에 노출된 채 조금씩 진화한다. 다 똑
같이 생겨서 누가 누구인지 알 수 없지만, 그중에서도 핵
심적인 존재가 있다. 소설에서는 '문와처Moon Watcher',
즉 '달바라기'라 명명되는 존재다. 유인원 부족 간의 분
쟁과 폭력이 횡행하는 가운데, 어느 날 문득 황야에 커다
란 석판이 등장한다. 기이하고도 흉흉해 보이는 물질이
다. 어떤 거대한 힘과 기운이 느껴진다. 석판은 다른 세
계에서 잘못 날아와 박힌 듯하다. 그러다 유명한 장면이
나온다. 문와처가 다 죽은 짐승의 뼈를 역시 뼈로 된 곤
봉으로 마구 부수다가 뼈 곤봉을 하늘로 던진다. 클로즈
업되면서 전환. 요한 슈트라우스의 왈츠가 깔리면서 거

대한 우주선이 등장하며 지구 밖 미래가 나타난다.

## 목성에 가서 죽고 다시 태어나다!

모두 새삼 들먹일 필요도 없을 만한, 영화사적 장면이다. 당시 상상했던 우주선이나 우주복, 그리고 대기권 바깥에서 먹는 음식이나 사람의 움직임 등이 모두 이 영화를 통해 시청각적으로 구현됐다. 우주선의 형태나 디테일, 슈퍼컴퓨터의 작동 양상 등은 이후로 크게 변하지 않았다. 우주선의 심장이랄 수 있는 슈퍼컴퓨터 할(HAAL 9000)은 승무원과 대화도 하고 체스도 둔다. 그러다가 할이 반란을 일으킨다. 그 순간 할은 이른바 우주의 '빅 브라더'가 된다. 승무원들은 대부분 죽고 한 명만 살아남는다. 그는 빛의 물리적 체계, 시간의 작동 체계를 동시에 거슬러 목성에 도착, 기묘한 우주 호텔(?)에 들어선다. 그리고 그 안에서 갑자기 늙어 죽는다.

시간의 물리적 속성이 자연히 지구와는 다르다. 어떤 천체물리학적 감수와 고려가 있었을 테지만, 목성에 프랑스풍 호텔이 있다는 건 당연히 상상의 산물일 것이다. 살아남은 승무원은 그곳에 있는 동시에 없는 존재처럼 여겨진다. 자신인 동시에 타인이며, 살아있는 동시에 이미 죽은 사람 같기도 하다. 밥을 먹고 잠을 자지만, 그 모든 동작이 무언가에 반사된 그림자처럼도 보인다. 근데 그림자가 실체보다 더 정밀하고 실체는 더 어둡고 보이지 않는 느낌.

발원지는 호텔 안에도 존재하는 석판이다. 석판이 어떤 작용을 한다. 우뚝 서 움직이지 않고 여전히 새카맣기만 하지만, 분명 석판이 어떤 요술(?)을 부리는 것만은 분명하다. 순식간에 늙어버린 승무원이 침대에서 숨을 거둔다. 석판의 요술은 이제 시작이다. 승무원이 죽은 침대 위에 반투명하게 반짝이는 거대한 알이 있다. 알 속이 훤히 보인다. 누군가 그 안에 있다. 사람의 형태지만, 사람과는 약간 달라 보인다. 태아를 닮았지만, 태아치곤 이목구비나 팔다리가 사뭇 명료하다. 그 알이 다시 우주 밖으로 떠 새로 탄생한 행성처럼 커다랗게 부푼다. 그 알 속의 존재가 눈을 떠 지구를 바라본다. 그리고 엔딩.

리하르트 슈트라우스의 '차라투스트라는 이렇게 말했다'가 울려 퍼지는 그 장면은 이 영화의 핵심이자 본질이자 진짜 메시지다. 물론 해석은 분분하다. 큐브릭 자신도 '각자가 상상하라'는 식으로 응대했었다. 혼자 남은 승무원이 시간의 빛 속으로 끌려 들어가는 장면 이후 대사는 일절 없다. 빛과 색의 혼몽스러운 조작으로 표현한 우주적 파동과 삐걱거리며 뇌리를 진동하는 사운드뿐이다.

목성으로 설정된 그 호텔도 사실 불분명하다(소설에선 토성으로 설정돼 있다). 분명한 건 한 사람이 우주에서 죽고 우주에서 다시 태어난다는 사실이다. 아직도 유효한, 그리고 이후의 어떤 영화도 대답하거나 재정립하지 못한 우주적 해찰과 그것에 대한 질문이라 할 수 있다.

## 기술문명이 정말 인간 진보의 모든 걸 포괄하는가

대개 미래의 기술혁명은 인간 차원에서, 인간에 의해 상상하고 제기된 기술적 발전을 뜻한다. 그러다가 인간이 발명한 기계에 의해 인간의 의식이나 행동이 통제되는 건 이제 새삼스러운 일도 아니다. 자동차는 인간의 다리를 빼앗았고, 거리와 시간을 단축한 비행기는 인간의 시간과 사유의 거리를 좁혀놨으며, 컴퓨터는 뇌의 확장인 동시에 뇌가 활동할 수 있는 다른 영역을 오히려 제한해 버렸다. 그럼에도 인간은 기계의 편의와 컴퓨터 알고리즘으론 설명도 해석도 불가능한 모종의 심리와 정신적 해찰을 여전히 (자신도 모르게) 작동하며 산다.

이 영화에서 상상한 기술적 진보가 실질적으로 현실화된 경우는 화상통화와 기계와의 아주 기초적인 대화 등, 기본 컴퓨터 알고리즘 체계의 구체적 확립 정도다. 여전히 달엔 갈 수 없고, 로봇은 인간처럼 움직일 수 없으며

(최근 중국에서 개발된 로봇들은 서서히 움직이기 시작하기 하더라) 매연과 탄소는 지구를 더 살기 힘든 곳으로 만들고 있을 뿐이다. 다시 묻는다. 우주는 과연 대기권 밖에만 존재하는가. 아울러 인간의 상상은 단지 기술문명의 도구들을 통하지 않으면 결코 실현될 수 없는 것인가. 지구 바깥에 떠올라 푸른 지구를 가만히 바라보는 '스페이스 베이비'는 정말 우주 밖에만 존재하는가. 혹시 자기 스스로도 다 해명하거나 증명하지 못하는 자신의 영혼 속에 새로운 '베이비'가 잉태 중인 건 아닐까. 마치 낙타에서 사자로 변했다가 아이가 되어버리는 니체의 바로 그 '위버멘쉬Übermensch'처럼. 빠~바바밤~~빠빰!!

**스페이스 오디세이** 2001: A Space Odyssey 1968/12/2h 29m
**Director** Stanley Kubrick
**Writers** Stanley Kubrick·Arthur C. Clarke
**Stars** Keir Dullea·Gary Lockwood·William Sylvester

# 영화는 침묵 속에서 울리는 장대한 꿈이야!

멀홀랜드 드라이브

Mulholland Drive

한때, 영화를 얘기하며 자크 라캉이나 슬라보예 지젝 같은 이들의 이론을 인용하는 경우가 많았다. 영화가 가지고 있는 철학적 의미나 구조에 대해 설명 또는 해석하는 방식이었다. 한 소설가는 "깡깡거리고 짹짹거린다"며 빈정댄 적도 있거니와, 다분히 현학적이고 과잉된 지적 편린을 영화에 끼얹는 방식이라 비판할 소지가 다분했다. 그럼에도 때론 일상 어법이나 논리로는 이해도 납득도 힘들어지는 영화를 만나게 될 때도 있는 건 분명하다.

## 잘 꿰맨 어둠과 침묵

데이비드 린치는 기존 스토리텔링이나 서사 구조로만 파악하기 힘든 영화를 줄곧 만들어 왔다. 영화사에서 가장 괴팍한 감독이라 할 수도 있다. 엉뚱하고 기괴한 이미

지와 인물들, 느닷없는 시간 왜곡과 공간의 변이, 맥락을 알 수 없는 대사 등 그의 영화는 늘 관객을 당혹하게 만든다. 그리고 그게 그의 특장이자 매력이다. 라캉이나 지젝뿐 아니라, 선불교나 노장사상 따위를 들먹이게 될 수도 있는데, 모두 적확하기도 무용하기도 하다. 영화는 그저 영화일 뿐이다.

<멀홀랜드 드라이브>(2001)는 데이비드 린치의 최고 걸작으로 꼽히는 영화다. 일단, 대외적인 평가가 그렇다. 54회 칸영화제 감독상을 수상하고 프랑스의 저명한 영화 비평지 「카이에 뒤 시네마」에서 선정한 21세기 최고 영화에서 맨 꼭대기에 자리 잡은 것 외 수상 이력도 화려하다. 주로 프랑스에서 극찬했다는 게 특이사항일 수 있는데 'Canal+'가 제작에 참여했다.

그러한 평가와 별개로 개인적으로도 데이비드 린치 영화 중 가장 좋아하는 작품이다. 전작 <로스트 하이웨이>(1997)에서 보여준 음침하고 뿌옇고 어두운(영화 색조뿐 아니라 전체적인 구조와 얼개도 그러하다) 분위기와 구멍이 뻥뻥 뚫린 듯 모호한 전개가 좀 더 구체적이고 다채로운 색감으로 치밀하게 꿰어져 잘 마름질 된 느낌을 준다. 느닷없고 개연성이 희박해 보이는 세 개의 이야기 줄기가 중후반쯤 하나의 궤로 아귀를 딱딱 맞춰가는 전

개 또한 설득력 있다. 그렇다고 모든 게 명약관화해지는
건 아니다. 과연 '린치다운'(?) 모호함과 무의식의 심연
을 들여다보는 듯 신비롭고 비밀스러운 여운은 외려 더
짙다고 할 수 있다.

## 매혹과 불안으로 문을 여는 '린치월드'

한 미모의 여인(로라 해링)이 정체불명의 남자들과 차
를 타고 어두운 도로로 접어들면서 영화가 시작한다. 그
전 오프닝엔 일군의 남녀들이 춤을 추는 장면이 있다. 영
화의 전체적인 분위기나 맥락과는 동떨어진 분위기인
데, '지금부터 쇼가 시작됩니다!'라는 걸 알리는 듯한 느
낌을 준다. 무척 밝고 익살스러운 군무가 끝나면서 곧장
'린치월드'가 열린다. 여인은 어디로 가는지 알 수 없다.
불안이 고조된다. 결국 교통사고가 난다. 남자들은 현장
에서 즉사하고 여인만 살아남아 현장을 탈출한다.

여인은 자신이 누구인지 모른다. 우연히 리타 헤이워드
의 사진을 보곤 스스로 '리타'라 칭한다. 어둠 속에서 길
을 헤매는 중, 어떤 집을 발견하곤 몰래 숨어든다. 여인
은 검은 가방을 들고 있다. 그런데 가방을 열어 볼 엄두
를 못 낸다. 이때, 영화 분위기는 대체로 어둡고 비밀스
럽다. 누아르나 추리극 느낌이 나는데, 데이비드 린치의

영화라는 걸 감안하고 볼 때, 섣부른 추측은 금물이다. 또 무슨 해괴한 장면들이 이어질까 싶은 당혹감과 호기심이 동시에 생긴다. 여인의 미모는 매혹적이다. 스스로 상황을 이해하지 못하고 자신이 누구인지조차 알 수 없다는 설정이 매혹을 증폭시키기도 한다. 미지는 공포이자 유혹이다. 데이비드 린치는 그 속성을 누구보다 잘 알고 있는 감독이다. 항상 미녀가 등장하지만, 그들은 항상 수수께끼의 입구이고 어딘가 퇴폐적이다. 남성을 유혹하는 전형성 및 타인은 물론 자신마저 함정에 몰아넣는 몰개성적 심연을 동시에 표상한다.

그러다 또 다른 수수께끼가 등장한다. 상황 자체만 놓고 보면 수수께끼랄 것도 없지만, 다른 장면들과의 연계성을 따져봤을 때, 선뜻 맥락 파악이 안 된다. 아담 캐셔(저스틴 서로)라는 젊은 영화감독이 제작사 임원들과 미팅하는 장면. 늙고 거만한 제작자들이 주연 여배우 후보의 사진을 돌려보며 "딱 이 여자야!"라고 못 박는다. 아담에겐 사진조차 보여주지 않는다. 아담이 발끈한다. 사무실을 뛰쳐나와 골프채를 휘두르며 난동을 부린다. 씩씩거리며 집에 갔더니 아내는 웬 덩치 큰 남자와 바람을 피우고 있다. 아내의 귀금속에 빨간 물감을 퍼붓는 등 소동을 피우다가 쫓겨난다. 영화의 두 번째 설정이다.

## '이' 여인은 과연 '저' 여인인가?

연이어, 또 맥락을 알 수 없는 총기 살해 현장이 나타나는 등, 시작부터 뒤죽박죽이다. 그 사이에 진짜 주인공 베티(나오미 왓츠)가 잠깐씩 등장한다. 베티는 유명 배우를 꿈꾸며 시골에서 할리우드로 올라온다. 꿈과 희망으로 가득 차 있다. 자신을 후원하는 숙모 집에 거주하게 되는데, 숙모는 영화에서 통화 목소리만 몇 차례 들릴 뿐, 한 번도 등장하지 않는다. 집사인 코코(앤 밀러)가 베티를 환대한다. 숙모의 근사한 집에 짐을 부리는 베티. 그런데 그 집에 웬 낯선 여인이 벌거벗은 채 샤워실에 숨어있다. 바로 '리타'라 자칭하는 그 여인이다.

크게 나눠 세 개의 이야기 줄기가 불쑥 던져지는데, 그 쪼개진 이야기와 인물의 조각들이 슬그머니 꿰어맞춰지는 게 큰 맥락이라 할 수 있다. 일부러 짜인 복선이나 단서를 머리 써 추적할 필요는 없다. 그저 흘러가다 보니 잔 줄기들이 큰 흐름 안에 뒤섞여 전체 그림이 그려지는 정도다. 린치 특유의 소소한 듯 의미심장한 단서(가령, 푸른색 열쇠와 박스 등)들이 말 그대로 열쇠처럼 작동하지만, 기존 논리 체계를 따라 질서정연하게 정리되진 않는다. 그건 인물의 정체성에 대해서도 마찬가지다.

앞서 '리타'는 예전의 명배우 리타 헤이워드에서 따왔다고 했다. 이 영화는, 데이비드 린치의 영화 대부분이 그렇듯, 영화가 존재하는 방식, 또는 영화가 현실에 작용하는 방식, 나아가 사람이 영화를 보면서 작동하게 되는 의식적 무의식적 심리 기제들을 주제이자 목적으로 삼은 측면이 강하다. 여성 인물들은 모두 배우들이고, 남성들은 영화를 만드는 자들이다. 여성들은 배우인 만큼, 한 사람이자 여러 사람이고, 나라고 믿었던 게 타인이며 타인이 곧 나이다. 이 전제를 놓치고 보면 영화는 도통 이해할 수 없는 궤변처럼 여겨질지 모른다. 때문에 철학적 테마나 정신분석학, 심리학적 이론을 끌어들이게 만드는 불가피한 요소가 될 수도 있다.

### 내가 타인이 되고 타인이 내가 되는 꿈

영화의 체계는 시각을 근본으로 한다는 점에서 관음적 속성이 강하다. 그만큼 남성적 기호 체계를 따르며 고압적이거나 일방향적인 시스템으로 흐르는 측면 또한 무시 못 한다. 할리우드는 그런 점에서 영화의 마초적 대부다. 아담을 제외한 채 자기들 입맛대로 주연배우를 낙점하는 제작자들은 할리우드의 본색이라 할 수 있다. 베티는 그곳에 편입되어 성공하길 꿈꾼다. 하지만 그 꿈은 그저 꿈에 불과하고, 그 허망한 꿈에 함몰된 자신의 초라함을 극복하려 또 다른 꿈을 꾼다. 그 이중 삼중의 꿈이 이 영화의 기본 얼개라 해도 무방하다. 영화상 베티의 실제 이름은 다이앤 셀윈이다. 리타의 곤경을 도우려고 애를 쓰는 '다이앤/베티'는 결국 스스로를 구하려는 자가 되고, 자기 자신과 직면하려는 인물이나 진배없다. 이야기가 알쏭달쏭한가. 영화를 봤어도 잘 모르겠는가. 혹은, 완전 다른 의견을 가지고 있는가. 정답은 없다. 그저 나는 그렇게 봤고, 그래서 이 영화가 사람이 기본적으로 가지고 있는 무의식과 꿈을 꿈과 무의식 자체로 영상화한 작품이라 여긴다.

개봉 당시, 여성끼리의 동성애 장면이 화제가 되기도 했었다. 두 배우 공히 가차 없을 정도의 밀도를 보여주는 장면이다. 그런데 에로틱한 설렘보다 뭔가 심원한 지점에서 알 수 없는 뭔가와 합일하고자 하는 욕망 같은 게 느껴져 슬퍼 보였다고나 말해야겠다. 호주 출신인 나오미 왓츠는 이 영화를 통해 비로소 이름을 알렸다. 당시 그녀는 서른을 넘긴 베테랑(?) 무명이었다. 출중한 연기력에 비해 그저 그런 작품을 전전하던 참이었는데, 배우 보는 눈이 남다른 데이비드 린치에게 제대로 걸렸다는 느낌이다. 그래서인지 이 영화가 나오미 왓츠의 당시 내면을 훑어낸 것처럼 보이기도 한다. 물론 결과론이다. 하지만 다시 봐도 그녀의 연기는 저돌적이라는 느낌마저

들 정도다.

## 짓궂게 뭉갠 철학과 시?

다이앤이자 베티이자 나오미 왓츠 자신인 금발 머리 여성. 그리고 이 영화 이후 소식을 알 수 없는, 리타이자 다이앤이자 로라 해링 자신이었던 검은 머리 여성. 다 보고 나니 뇌리에 남는 건 '복합적인 단일체'라 여겨지는 두 여성의 잔상이다. 아울러 영화를 보면서 스쳐 간 수많은 생각과 이미지와 기억들의 뒤섞임 그 자체의 소용돌이가 오래 맴돈다. 많은 걸 보여주지만, 결국 보는 이 자신 속으로 들어가 어두운 침묵 속에서 스스로 조명을 꺼버리게 만드는 영화. 결국, 또 하나의 "깡깡거리고 쨱쨱거리는" 변설에 불과하겠지만, 비트겐슈타인 생각이 난다. 딱 두 마디만 인용하겠다. "말할 수 없는 것에 대해선 침묵해야 한다." 그리고, "모든 철학적 행위는 오로지 시적 언어로만 가능하다." 데이비드 린치는 철학자도 시인도 아니다. 그럼에도 그 모든 걸 영화로 보여줬다가 지운다. 다 읽고 나서 다시 맨 앞으로 돌아가야만 하는 책은 진귀하고 드물고 언제나 짓궂을 수밖에 없다.

멀홀랜드 드라이브 Mulholland Drive 2001/18/2h 27m
**Director** David Lynch
**Writer** David Lynch
**Stars** Naomi Watts·Laura Harring·Justin Theroux

# 내게 영화는 너무 써!

8½

이탈리아의 명장 페데리코 펠리니1920~1993는 허풍이 심했던 것으로 유명했다. 그는 미국의 마블 코믹스 같은 만화를 좋아했고, 실제로 여러 만평을 발표하기도 했다. 영화 구성 노트에도 만평 스타일의 스케치를 여럿 남겼다. 허풍 없는 만화는 소금 안 친 콩국수와 같다. 현실을 과장 또는 희화하고 심각한 사안도 얄궂게 비틀어 우스개로 만들어 버린다는 점에서 그렇다. 그렇게 실재와 다른 풍미로 우려낸다.

## 명감독, 자신을 풍자하다

<8과 1/2>은 페데리코 펠리니의 명작이자 그의 필모그래피에서 전환점이 된 영화라 할 수 있다. 그 이전 그는 비토리아 데 시카 풍의 네오리얼리즘 영화를 주로 만

들었다. 대표작이 아내 줄리에타 마시나와 안소니 퀸이 열연한 <길>(1954)이다. 그러던 게 또 다른 명작 <달콤한 인생>(1960)에서부터 조금씩 변화한다. <8과 1/2>(1963)은 그의 영화가 완전히 초현실적 혹은 만화풍의 망상으로 변화한 작품이다.

영화는 시작부터 망상에 사로잡힌 자의 고뇌를 과장되게 표현한다. 중년의 영화감독 구이도(마르첼로 마스트로얀니)는 피해의식과 편집증에 사로잡힌 인물이다. 영화 제작과 관련한 스트레스 탓이다. 나이는 43세. 영화 촬영 당시 펠리니의 나이와 같다. 건강이 안 좋아져 온천으로 요양 온 상태. 구이도는 영화를 찍다가 하늘에서 추락하는 꿈을 꾸고 나서 깬다. 의사와 간호사들이 그의 숙소를 들락거린다. 광천수를 상용하라는 조언을 듣는다.

그러다가 그의 정부이자 배우인 여성이 찾아온다. 그녀는 산만한 수다쟁이다. 요양과 위로를 필요로 하는 구이도에게 여성은 또 다른 스트레스 대상이다. 배역을 따내기 위해 갖은 아양을 떤다. 둘은 각자 배우자가 있다. 구이도는 그 와중에 여러 환상을 겪는다. 주로 부모님이 등장하는데 그들에게 구이도는 여전히 어린아이다. 구이도는 부모를 그리워하면서도 그들로부터 탈출하려는 꿈을 꾼다. 환상은 무시로 구이도의 일상에 틈입한다. 영화

전체가 현실과 환상의 대립이라 할 수 있을 정도다. 보다
보면 어느 게 환상이고 어느 게 현실인지 헷갈리기도 한
다. 아니, 그 모든 게 허튼 환상의 난장이라 해도 틀리진
않을 거다.

## 도대체 영화를 어떻게 만들어달라는 거야?

영화 제작은 지지부진이다. 제작자와 작가는 구이도의
구상에 일일이 트집을 잡는다. 주제가 어떻다느니 서사
적 개연성이 어떻다느니 배우는 누구를 써야 한다느니
주문투성이다. 구이도는 그들을 노련하게 대처하는 듯하
지만, 속은 썩어간다. 그때마다 구이도는 또 다른 환상을
본다. 현실에선 존재하지 않는 한 여인의 모습이 무슨 베
일에 싸인 듯 구이도를 사로잡는다. 클라우디아라는 불
리는 그녀(클라우디아 카르디날레)는 그의 영화 속 이상
향이다. 그러나 그녀를 붙잡을 수 없다. 클라우디아에 대
한 환상이 커질수록 영화는 허공에 붕 뜬다. 정말 완성될
수 있을지 의문이다.

영화 전체가 뒤틀린 유머로 가득 차 있지만, 이 부분만
큼은 어쩐지 서글프고 애잔하다. 손에 잡을 수 없는 환상
이기 때문에 그럴지도 모른다. 클라우디아 카르디날레는
당시 막 스타로 떠오른 이탈리아 최고의 여배우이자, 남

성들의 에로스 판타지를 자극하는 인물이었다. 당시 펠리니 정도의 감독이라면 그녀를 캐스팅하는 게 별로 어려운 일은 아니었을 것이다. 하지만 이 영화에서 클라우디아는 실존하는 배우가 아니라 그저 구이도의 환상 속에서나 완벽한 여인이다. 정말 그녀가 실물로서 카메라에 선다면 구이도의 성에 차지 않았을 것이다. 구이도는 그저 환상 속으로 도피하는 빌미를 그녀를 통해 덮어씌울 뿐이다. 반복건대, 영화는 정말 완성될 수 있을까.

구이도는 어릴 적부터 가톨릭 세례를 받은 인물이다. 종교로부터 억압당한 기억이 많다. 구이도가 어릴 적 동네에 한 미친 여인이 살았다. 덩치가 우람하고 흉측하게 생긴 그녀는 아이들의 놀림감이었다. 바닷가 움막 같은 데 혼자 사는 그녀는 구이도가 동전을 던져주면 룸바를 멋들어지게 췄다. 그 탓에 구이도는 사제들에게 엄벌을 받는다. 일종의 타락과 종교적 불경을 놀이 삼은 것인데, 원죄 의식과 일탈 욕구의 충돌은 서양의 많은 예술가가 오래전부터 천착해온 문제다. 구이도가 복합적인 의식 구조를 지닌 인물이라는 사실이 드러나는 지점이다.

### 영화여, 인생이여, 안녕!

구이도는 현실의 여러 문제 – 정치나 이념, 종교와 욕

망, 사랑과 배신 등에 대해 자신만의 영화적 접근법을 찾
아내야 하는 게 책무라 할 수 있다. 그럼에도 그는 영화
가 세계에 어떤 방식으로 메시지를 전달하거나 풍자할
수 있는지에 대한 답을 찾지 못하고 있다. 그는 영화로부
터, 그리고 자기 자신으로부터도 자꾸 도망치려 한다. 그
럴수록 망상은 심해지고, 망상이 심해질수록 영화는 계
속 허공으로 달아난다.

구이도가 만들려는 영화는 공상과학적 내용이다. 거대
한 우주선 발사대가 이미 준공되어 있는 상태인데, 실제
로 진행되는 일은 전무하다시피 한 상태. 돈이나 명예에
굶주린 사람들이 들끓으며 온갖 소동을 피워댈 뿐, 정말
우주로 날아가는 건 영화적 판타지가 아니라 현실의 소
동에 시달려 점점 초점을 잃어가는 구이도의 정신뿐이
다. 그러다가 아내(아누크 에메)마저 현장을 찾는다. 바
람난 여배우와 신경전이 벌어지고 구이도는 엄살과 응석
으로 상황을 면피하려 한다. 솔직히 말해 바보 같고, 에
둘러 말해 처량하다.

구이도가 여인들에게 둘러싸여 소동을 피우는 장면이
있다. 영화에 등장하는 모든 여성이 한자리에 모여 차례
로 자기 대사를 읊는, 극중극 형태의 연극 한 편이 펼쳐
진다. 그 안에서 구이도는 모든 여성의 왕이자 적이자 노

리개가 된다. 자신이 살아오면서 감내하거나 사랑하거나 탐닉했던 모든 일들이 자신을 옥죄어오는 피해망상의 발로이자 결과로 여겨진다. 구이도의 뇌 속에서 우글거리는 삶이 편린들이 여성들을 통해 구이도의 병증으로 드러나는 장면이라 할 수도 있다. 구이도는 자멸과 추락의 입구에 서 있는 셈. 그는 어쩌면 우주선 발사대에 우주선 아니라 자기 자신을 세워두고 발사 버튼을 누르고 싶어 하는 건지도 모른다. 지구여, 삶이여, 그리하여 모든 영화榮華와 영화映畵마저, 아리베데르치Arrivederci!

## 영화는 결코 완성되지 않는다

거의 명백히 자전적인 내용이라 할 수 있다. 이탈리아인으로서는 드물게 오스카상마저 거머쥐며 출세했지만, 페데리코 펠리니는 아마 자중지란에 빠져 있던 상황이었던 것 같다. 그건 예술가들이 대개 한 번씩 빠져드는 늪이자 덫이라 할 수 있다. 세상은 여전히 그를 추앙하고 칭송하지만, 모든 걸 해도 틀린 것 같고, 어떤 걸 해도 만족하지 못하며, 그 모든 진실이 다 가짜 사기극의 종양이 되어 자신마저 갉아먹게 되는 상황. 그럴 때 그는 응석받이 아이가 된다. 모든 사람이 자신을 도와주는 것 같지만, 결국 그 모두가 하이에나 떼 같고, 심지어 오래 가꿔온 사랑마저 서로에 대한 기만처럼 여겨진다. 그는 고립

감을 느낀다. 작파하거나 대놓고 사기를 치거나 귀를 꽉
닫고 자기만의 철옹성에 숨어 걸쇠를 내릴 수밖에 없다.

그럼에도, 아니 그럴수록 어떤 여지-가령 자신이 더 좋
거나 추구하거나 거머쥐어야 할 환상과 꿈은 여전히 남
아 있게 된다. 구이도의 경우는 클라우디아다. 그녀는 그
에게 구원의 밧줄과 같지만, 손대면 앗 뜨거! 하면서 화
들짝 현실을 돌아보게 만드는 촉매제일 수도 있다.

영화에서 구이도가 클라우디아의 환상을 처음 보는 건
음악회가 열리고 있는 공원에서였다. 제작자, 그리고 작
가의 지청구와 허세를 귓등으로 팅기다가 문득 구이도
가 쓰고 있던 선글라스를 내린다. 선글라스는 빛의 거름
막이다. 렌즈를 통해 빛을 차단하고 더 어두워진 풍경에
서 사물을 식별하기 위한 도구다. 그러면서 일종의 필터
이다. 선글라스를 통해 보는 세상은 실제와는 다른 빛깔,
다른 음영이다. 그 너머에 구이도의 유일한 환상이 실재
처럼 등장한다. 그녀는 그가 다른 삶을 살아내게 만드는
천상의 애인이다. 구이도는 과연 그녀를 영화 속에 재연
할 수 있을까. 그리하여 또 다른 삶의 매개를 스스로 선
취할 수 있을까. 결론은 당연히 영화를 다 보고 판단할
일. 참고로 이 영화의 제목은 펠리니가 당시까지 만든 모
든 영화를 다 포함한 숫자다. 1/2. 그러니까 궁극의 미완

성이다. 영화는 결코 완성되지 않는다. 다만, 허상인 그
대로 잠시 당신의 인생을 달콤하게 속이거나 빛낼 뿐.
La Dolce Vita!

**8½** 1963/15/2h 18m
**Director** Federico Fellini
**Writers** Federico Fellini·Ennio Flaiano·Tullio Pinelli
**Stars** Marcello Mastroianni·Anouk Aimée·Claudia Cardinale

# 조커의 방아쇠는 누가 당긴 걸까

조커

Joker

토드 필립스 감독의 <조커>는 2019년에 개봉했다. 5년여가 지나는 동안, 세 번 봤다. 개인적으로 별난 일이다. 개봉 당시 많은 화제를 몰고 왔었고, 온갖 해석과 찬반양론이 드셌다. 어느 한쪽의 입장을 편들어 찬사를 보내지도, 비난하지도 않았다. 세계가 구조적으로 양분한 선악 개념과 그 모순에 대해서 입씨름하는 것에 어떤 반감 같은 게 느껴졌던 것도 같다.

## 배트맨은 참 어벙해 보이지 않았나

나 스스로 찾아낸 답은 없다. 아니, 답을 찾으려고도 하지 않았다. 그럼에도 불행과 가난을 주식 삼은 이들이 세계의 부조리에 맞서 부조리 자체로 저항한다는 식의 해석은 이상하게 민망했다. 집으로 향하며 처량하게 계단을 올라가는 초반부 아서 플렉(호아킨 피닉스)의 모습과 경찰에 쫓기면서도 분장을 한 채 의기양양하게 계단을 뛰어 내려오는 후반부 조커의 모습이 반전이라는 생각도 들지 않았다. 그게 과연 수직의 전도이고 상승과 하강의 역전인가. 그저 당연히 (영화적으로) 저렇게 될 수밖에 없지 않을까 하는 기시감만 들 뿐이었다.

조커라는 캐릭터가 배트맨의 아치에너미archenemy로 유명해진 건 팀 버튼이 감독한 <배트맨>(1990)의 영향이 컸으리라. 잭 니콜슨이 연기한 조커는 배트맨을 조롱하고 희화하는, 말 그대로 '광대'의 모습이었을 뿐, 그에게 어떤 상처나 고통이 느껴지진 않았다. 오락물치고는 지나치게 우울하고 스산한 영화였지만, 그게 또 매력이기도 했었다. 조커는 분명 눈에 띄는 캐릭터였으나 마음을 후벼파지는 않았던 것 같다. 웃기지도 슬프지도, 화나지도 신나지도 않는, 묘한 중립성(?)을 지녔던 것 같다.

조커가 문제적 인물로 떠오른 건 크리스토퍼 놀란 감독의 <다크나이트>(2008)을 통해서였다. 고故 히스 레저를 전설로 만든 동시에 조커를 희대의 안티히어로로 등극시킨 그 작품에서 배트맨(크리스찬 베일)은 어벙해 보이기까지 한다. 영화 자체가 조커를 위해 만들어졌다는 느낌이었다고 말한다면 과언일지도 모르나, 적어도 내겐 조커밖에 안 보였다. 히스 레저의 연기력 덕분만은 아니었던 것 같다.

## 19세기 고전, 현대의 피카레스크가 되다

<조커>는 '조커의 기원'을 훑는 얘기다. 포커판의 '조커'마냥 뚱딴지같고 불필요한 듯한 존재가 어찌하다 판 전체를 뒤흔들게 됐을까 하는 사후적 질문 혹은 상상의 일환일 것이다. 원작 만화에서조차 공식이라고 공언하지 않은 조커의 과거를 영화로 만든다니. 실제로 <다크나이트>의 조커가 시발이 되었던 건지는 나로선 알 수 없다. 하지만 그 영화가 남긴 조커의 여운 혹은 '후유증'이 영화 제작의 단초가 되었을 수 있을 거라 유추하는 건 무리가 아니다. <조커>가 그 많은 상상 중 굳이 정신병적 진단으로 시작할 수밖에 없었을 사정일지도 모른다.

고담시의 청년 아서 플렉은 웃음이 병인 젊은이다. 웃음이 한번 터지면 사지가 비틀릴 정도로 주체하지 못한다. 아무도 웃지 않는 상황이 웃음을 폭발시키고, 그 웃음은 단어 그대로의 '웃음'이 아니라 일종의 발작이다. 반면, 모든 사람이 웃을 때, 그는 웃지 않는다. 아니 웃지 못한다. 전혀 웃기지 않은 건지, 웃음을 유발하는 기제가 망가진 건지 알쏭달쏭하다. 그러니까 그게 아서의 병인

거다. 그럼에도 그의 꿈은 사람들을 웃기는 코미디언이
되는 것이다. 광대 분장을 하고 여기저기 웃음을 팔러 다
니면서 푼돈을 벌지만, 삶은 여전히 피폐하고 고단하다.
아이들에게 몰매를 맞거나, 뭇사람들의 비웃음거리가 될
뿐이다. 도저히 제정신으로 살 수 없을 모양새다. 존재
자체가 모순과 아이러니투성인 인물.

 사실, 조커는 19세기 빅토르 위고의 소설『웃는 남자』
를 기원으로 한다. 모든 감정을 웃음으로 표현하기 위해
입아귀를 칼로 찢어 언제나 웃음을 띠고 있는 기괴한 남
자. 빅토르 위고는 그 소설에서 당시 프랑스에 만연한 여
러 인종 문제, 사회적 병리, 정치적 타락 등을 묘파했었
다. 소설에서 '웃는 남자'는 어릴 때부터 삶과 죽음의 접
경을 오간 인물로 나온다. '웃는 남자'가 계속 웃고 있을
수밖에 없는 건 일종의 사회적 형벌이었다. 그는 결국 그
걸 역설적으로 무기 삼는다. 자신의 고통과 상처로 자신
을 괴롭힌 타인을 징벌한다. 저주와 능멸. 쾌락과 희열을
동일선상에 놓음으로써 세계의 비틀림을 자신의 비틀림
으로 치환하는 것이다.

## 대중의 역린이 된 비천한 존재

 그 '원전原典'의 현대적 현현이라는 느낌을 지울 수 없어

서였을까. <조커>라는 영화 전체가 아서 플렉이 자신의 고통을 자학적으로 즐기는 모습으로 점철되었다는 느낌을 받게 되는 게 내겐 묘하게 중독적이다. 그러면서도 조커는 자신의 행위가 자발적이라 인식하지도 못하고 아무런 즐거움도 못 느낀다. 이상한 괴리이고 분열이다. 영화 초반부터 조커는 계속 궁지에 몰린다. 자신을 '해피'라 부르는 어머니(프란시스 콘로이)는 나중에 알고 보니 자신보다 더 정신 나간 사람이었고, 유일하게 사랑하고 자신을 이해해 줄 거라 착각하게 되는 이웃 여인 소피(재지 비츠)는 그저 환상 속의 연인일 뿐이다.

　아서는 정신적으로, 그리고 사회적으로 완전히 정상 세계에서 떠밀려 있다. 영화 시작부터 노골적이다. 태생부터 그러했다는 설정도 나오지만, 나중에 배트맨이 되는 브루스 웨인이 자신의 배다른 동생일지도 모른다는 상상은 아서 뿐 아니라 관객마저 아연하게 만드는 구석이 있다. 물론, 영화는 모든 걸 까발리지 않는다. 아니 까발릴 것도 없다. 그저 영화적 상상과 가정이기 때문이다. 하지만 그러한 설정들이 아서의 병증을 더 가속화하고 아서 스스로 자신의 망상을 실제로 믿게 하는 (동시에 관객까지 덩달아 흥분(?)케 하는) 섬망譫妄의 지렛대 역할을 한다.

　조커가 자신을 각성하는 건 우발적인 총기 살인 이후

다. 그는 분노하고 슬퍼하고 저주하는 자로 태어났지만, 세상은 그를 우스개 삼고 스스로도 우스꽝스러운 광대를 자처한다. 그러나 그에게 웃음은 상처이자 고통이다. 그래서 그 웃음이 무기가 되고 불길이 되고 뭇 대중들을 선동하는 전염력 강한 바이러스로 작동한다. 세상 자체가 미쳐 있고, 욕망을 쟁취한 자들은 타인을 우습게 여기며 집단적 병원체라 낙인찍어 징벌하려 한다. 바로 그러한 낙인과 차별과 멸시가 거대한 힘이 되어 거대한 역류로 변한다는 건 세계 정치사의 오래된 관성이기도 하다. 조커는 혁명가는커녕 사회적 인습 바깥으로 배제되어야 할 존재로 치부되지만, 바로 그렇기에 사회적 인습과 규율 및 편견 등을 뒤엎는 예상치 못한 대중적 역린이 된다.

이 영화의 대중적 반향이 의외라거나 위험스럽다는 의견들도 있었다. 웃긴 영화도 아니고, 범죄 스릴러도 아니고, 사회성 강한 고발 영화도 아니지만, 그 모든 형태를 유사하게 갖춘 기이한 파급력 자체가 또 하나의 화젯거리였던 것으로 안다. 영화(뿐 아니라 모든 예술작품)를 해석하고 분류하는 것으로 시대 상황을 고찰하는 일은 매우 의례적인 일이다. 그 어느 것도 옳다고도 틀렸다고도 말할 수 없다. 각자의 의견을 가지고 싸우는 것도 그런 일을 하는 전문으로 하는 사람들의 업인 거다.

하지만, 그 어떤 의견에도 동의하지 않고 영화가 드러내는 액면 그대로의 가상 존재를 다만 오랫동안 자주 바라보게 되는 때도 있는 법이다. 내겐 <조커>가 그런 영화였다. 왜 자꾸 조커의 얼굴이 떠오를까. 화가 나거나, 기분이 안 좋거나, 혹은 뭔가 우습거나 내처 울고 싶거나 할 때 자꾸 조커의 얼굴이 떠올라 여러 번 다시 보게 되는 영화. 이유는 나도 모른다.

### 환상 속에도 이제 그대는 없다!

아서가 자신의 출생 비밀을 알고 입원 중인 어머니를 베개로 질식사시킨 다음 이웃 여인 소피의 집에 무단침입한 장면. 비에 홀딱 젖은 몰골이다. 분장도 하지 않았고, 차림새는 추레하기 그지없다. 울고 있지도 웃고 있지도 않다. 그저 남의 집에 가만 앉아 있다. 그전까지 소피는 아서의 잠재적 연인(썸?)처럼 등장했었다. 하지만 이 순간 모든 게 까발려진다. 다정한 연인으로 보였던 소피는 그저 살짝 스쳐 지나친, 그것도 아서를 짐짓 불쾌하게 여기는 평범한 이웃 여자였던 것. 겁에 질린 소피가 아서에게 나가라고 종용한다. 아서는 아무 말이 없고 눈빛은 어둡다. 갑자기 목에 뭔가 걸린 듯한 이물감이 솟구치는 건 나만 그랬던 걸까. 아서가 불쌍하다기보다 무섭고, 무섭다기보다 이상하게 환상적으로 여겨진 것 또한 나만의 망상일까.

 소파에 가만히 앉아 있던 아서가 가만히 오른손가락 두 개를 이마에 대면서 소피를 바라본다. 소피가 소스라친다. 그리고 장면이 바뀐다. 러닝타임 1시간 18분쯤. 아서 플렉이라는 괴이하고 불쌍한 청년의 내면이 블랙홀처럼 벌어지며 진짜 조커가 태어나는 건 그 시점부터다. 환상의 허공에 떠 있던 방아쇠가 실제 고담시(로 대표되는 이 세계)에 장착되는 순간인 거다.

**조커** Joker 2019/15/2h 2m
**Director** Todd Phillips
**Writers** Todd Phillips·Scott Silver·Bob Kane
**Stars** Joaquin Phoenix·Robert De Niro·Zazie Beetz

# 내가 정말 조커냐고? 영화가 다 조커 놀음이야!

조커:폴리 아 되

Joker: Folie à Deux

영화 시작 20분이 채 되지 않아 뭔가 찜찜하고 지루하다. 은근히 화가 나기도 한다. 관람을 그만둘까 싶은 충동마저 느낀다. 같은 감독, 같은 주연배우가 5년 만에 다시 만난 속편치고는 지나치게 느슨하고 구구절절이다. 느닷없이 노래를 부르며 뮤지컬 형식으로 돌변하는 모습은 뜨악하기까지 하다. 온 도시를 폭동의 도가니로 몰아넣었던 '괴인'의 존재감은 온데간데없다. 그저 추레한 범죄자의 모습뿐이다. 왠지 들여다보지 말았어야 할 인간의 비천함과 나약함을 생짜로 목격하는 기분. 토드 필립스 감독의 <조커:폴리 아 되>(2024)는 영화 자체가 어째 조커 같다.

**이봐 조커, 너 실망인걸!**

그럼에도 결국 끝까지 보게 만드는 힘은 뭘까. 감옥에

같힌 조커/아서 플렉(호아킨 피닉스)은 전작보다 훨씬 늙어 보이고, 자신을 보호하거나 항변하려는 의지 따위 없어 보인다. 적어도 초반 삼분의 일 지점까지는 그저 모든 걸 포기한 죄수 나부랭이에 지나지 않는다. 그는 자신이 누구인지조차 모르는 행려병자처럼 행동한다. 이 역시 조커 특유의 광대짓일까. 그럴 수도 아닐 수도 있다. 하지만 이 영화가 진정한 <조커>(2019)의 후속편이 되려면 그는 다시 광대 분장을 하고 세상을 희롱하고 뒤엎어야 하는 게 관객 대부분의 기대일 것이다. 물론, 영화는 그 기대를 완전히 배반하지는 않는다. 다만, 기대 이하거나, 엉뚱한 방향으로 조커의 존재감을 드러낼 뿐이다.

아서가 수감된 감옥과 프로그램을 공유하는 정신병동 음악반에서 만난 리 퀸젤(레이디 가가)은 조커의 광팬임을 자처한다. 리는 의기소침한 아서를 부추겨 그가 다시 광폭하고 통쾌한 '조커의 위상'을 되찾게 하려 한다. 아서는 재판을 앞두고 있다. 변호사는 그를 해리성 정체 장애 환자라는 명목으로 중형을 면하도록 애쓴다. 영화는 이때부터 숫제 정신상담원 같은 분위기가 된다. 아서의 정신적 결함을(이를테면 '조커'라는 다른 인격이 살인을 저질렀다는 식) 증명하려는 측과 아서가 아무런 정신적 문제도 앓고 있지 않은 정상인임을 주장하는 검사 측.

아서는 변호인을 당황스럽게 하는 행동들을 일삼는다. 아서 스스로도 종내 자신이 환자인지 아닌지 종잡을 수 없을 정도로 갈팡질팡하다가 결국 변호사를 거부하고 스스로 변호하려 한다. 이 또한 조커의 장난이고 술수일까. 그러면서 영화는 점점 조커가 저지르는 행위보다 조커라는 희대의 광인이 실제로 존재하는 인물인지 가짜로 꾸며낸 것인지를 판명하는 기이한 재판장처럼 돼버린다. 조커의 재판장 자체가 조커의 무대로 변해버리는 것. 감독의 진짜 속셈은 바로 그 지점인 듯하다.

### 여기가 바로 정신병원이자 재판장이자 감옥이지

조커는 고담시 전체를 폭동의 도가니로 몰고 간 인물이다. 그의 무기는 자신의 슬픔과 상처에서 발원한 기이한 웃음이다. 웃음이란 일종의 타이밍 싸움이다. 쌍방이 적절한 포인트에서 뭔가 뒤틀렸음을 들켜버렸을 때 웃음이 발생한다. 하지만 조커/아서는 어릴 적부터 그 타이밍이 남들과 달랐다. 그래서 스스로 웃음거리가 돼버리곤 하는데, 그 웃음은 웃음조차 나올 수 없는, 되레 상대의 화를 불러일으키거나 모욕감을 주는 행위로 간주된다. 조커/아서는 바로 그것으로 도시 전체를 휘어잡고 있던 '웃음의 권력(?)'을 전복시켜 버렸다.

어쩌면 그게 바로 사람들이 조커에게 열광하는 이유일 수 있다. 가난하고 핍박받는 사람들에게 삶을 통째로 변화시킬 수 있는 건 권력이 정해놓은 시스템을 파괴하는 것뿐이다. 조커가 체제의 위험인물이 되는 건 그가 저지른 살인 사건 자체보다 그걸 발판 삼아 사회적 규칙과 규범을 제멋대로 뒤흔들어놓았기 때문이다. 그러나 체제는 그것을 단순한 개인의 일탈로 축소시켜 시스템 전체를 보지하려 한다. 근원적으로 모순되고 구멍 나 있는 시스템의 본색을 감추기 위해 조커를 희생양 삼는 것이다. 그러나 조커/아서는 그러한 체제의 독선 따위 큰 관심이 없다. 그에게 중요한 건, 모든 개인이 그러하듯, 자신의 삶을 유지하고 자신만의 꿈을 실현할 수 있는 세계를 창조하는 것이다.

그 소박해 보이는 꿈은 그러나, 체제의 광포한 억압 아래 짓눌린 채 압살당한다. 그럴수록 꿈은 망상에 가까워진다. 크게 한판 저지르고 감옥에 갇힌 조커는 여력이 없어 보인다. 그런 그에게 리가 다가간다. 바람 빠진 풍선처럼 눌어붙어 있던 죄수 아서에게 리는 새로운 공기를 불어 넣는다. 사랑이라는, 조커가 궁극적으로 원하는 삶의 가치와 따뜻한 보상의 꿈을 심어주는 것이다. 조커는 얼핏 양분된 인물처럼 보이지만, 그리고 그것으로 세상은 그를 판결하려 하지만, 사랑을 만난 조커는 그저 여리

디여리고 순하고 순한 한 명의 범인ㅅ일 뿐이다. 조커
는 새로운 희망을 갖는다.

## 사랑도 폭동도 다 꿈일 뿐이야

영화에서 느닷없이 등장하는 조커와 리의 듀엣 장면.
리는 조커가 꾸는 꿈속에서 할리퀸으로 변신하는 희대의
디바다. 동시에 리가 조커를 통해 투사하는 자신만의 환
상이기도 하다. 둘은 그들만이 쌓을 수 있는 '산'에 대해
노래한다. 그런데, 동시에 꾸는 꿈 같지만, 어딘가 어긋
나 있다. 리는 의사 아버지를 둔 부유층 딸이다. 정신병
원을 제집 드나들 듯이 하는 걸 보면 체제의 안전망 안에
서 자신이 원하는 건 어렵지 않게 얻을 수 있는 꿈 많고
허영 가득한 여성이다. 그런 리에게 조커는 진정한 사랑
의 대상이기보다 자신의 허영 속에서 가공된 허구의 전
사다. 어쩌면 리는 조커의 기행에 열광한 모든 이의 가면
일지도 모른다.

부제로 쓰인 '폴리 아 되Folie à deux'는 '공유정신병
적 장애'를 뜻하는 프랑스 말이다. 리로 대표되는 조커의
팬덤 자체가 그러한 병증을 공유한 집단일 수도 있다. 영
화에서 변호사가 진단하는 조커의 병증은 두 개 이상의
인격이 혼재하는 이른바 '해리성 정체 장애'에 가깝다.

1990년대 이전엔 '다중인격 장애'라 불리던 진단명이다. 그런데 그것을 병이라 명명하는 순간, 북미 전체에서 소위 '해리성 정체 장애'라고 진단된 환자가 기하급수적으로 증가했다는 통계가 있다. "병을 병이라 하면 병이 아니다"라 했던 노자老子의 역설이 그야말로 역설적으로 드러난 현상이랄까. 어째 병 자체가 '조커 현상' 같다.

영화는 시종일관 뒤죽박죽이고 느닷없으며 생뚱맞은 전개를 펼친다. 조커의 '실체(?)'를 밝히려는 내용들이 모두 조커를 더 알 수 없는 존재로 만들고, 조커의 범죄가 사회에 어떤 영향을 끼치게 됐는지는 대한 판결 또한 조악하게 거덜한 종이쪼가리처럼 풀풀 먼지만 날리다 사라지는 느낌이다. 뮤지컬 장면은 또 어떤가. 정통 상업영화에서 흔히 쓰이는 뮤지컬의 비현실적인 낭만성이 생짜 그대로 인용되면서 뮤지컬이 지닌 허구의 위안을 가차 없이 짓밟아 버린다. 이건 조커에게도, 관객에게도 마찬가지다. 초반의 이질감과 거북함이 더 이상하고 부담스러워지는 동시에 어째 결국 저럴 수밖에 없지 않겠나 싶은 괴이한 착종도 생긴다. 허무하고 맹랑해서 외려 더 부각되는 조커의 실제 모습. 그건 애초에 영화라는 가면을 통해 삶을 위안받고 여흥을 누리려는 욕망 자체를 까발리려는 도발 아닐까.

## "이것은 조커가 만든 영화다!"

뮤지컬 장면에서 조커와 할리퀸은 자주 엇갈린다. 따스한 하모니로 노래 부르던 그들이 서로의 그림자처럼 노닐다가 일순간 분열한다. 서로의 눈과 입이 서로를 향한 총이 되는 시점. 할리퀸이 갑자기 조커에게 총을 쏜다. 조커가 피를 흘리며 당황한다. 관객들은 더 열광한다. 노래가 아름다웠으니 총을 쏘는 모습 또한 극적이고 아름다워야 하는 것인가. 판타지에서 총을 쏘고 죽이는 건 범죄도 아니다. 영화를 보는 우리는 그 사실을 알고 있다. 조커에 대해 환상을 품었던 할리퀸은 조커가 현실의 인물임을 알게 되는 순간, 뒤돌아선다. 조커가 꿈꾸던 아름다운 사랑 따윈 애초에 존재하지 않았다. 그 어떤 영화를 보든, 마지막 장면이 끝나면 실제로는 아무도 죽지 않고, 아무도 사랑하지 않는다는 걸 관객들은 이미 알고 있다. 너무 당연해서 잊고 있을 뿐이고, 다 잊고 있기에 영화는 끊임없이 관객을 유혹하고, 더 잘 유혹하기 위해 더 폭발력이 강한 가면과 무기를 장착하려 한다.

영화라는 것 자체가 조커라는 것. 그리고 영화를 만드는 일 자체가 누군가를 조커로 둔갑시키는 일이라는 것. <조커: 폴리 아 되>는 바로 그런 직관을 조커의 또 다른 가면으로 폭로하고자 한 영화다. 그런 점에서, 많은 이들

의 비판과 실망에도 불구하고, 쿠엔틴 타란티노가 "이것
은 조커가 만든 영화다!"라며 쌍수를 들었던 것에 나도
동의한다. 거기, 판결의 총신을 겨누며 슬며시 웃거나 화
내고 있는 자, 당신 또한 조커가 아니라는 사실을 스스로
증명할 수 있는가.

**조커:폴리 아 되** Joker: Folie à Deux 2024/15/2h 18m
**Director** Todd Phillips
**Writers** Scott Silver·Todd Phillips·Bob Kane
**Stars** Joaquin Phoenix·Lady Gaga·Brendan Gleeson

# 왜 우리는 이구아나처럼 춤추지 못하는가

김미 데인저

Gimme Danger

이기 팝iggy Pop은 한국에선 많이 알려진 뮤지션이 아니다. 50년 넘게 음악 활동을 꾸준히 해 봤음에도 불구하고 변변한 히트 싱글 하나 없다. 그런데도 서양 록 음악계에선 '펑크록의 대부'로 아직도 추앙받는다. 과격하고 요란하고 음란하기까지 한 무대 퍼포먼스로 유명한데 2013년도에 딱 한 번 내한 공연을 한 적 있다. 예순을 한참 넘긴 나이에도 불구하고 특유의 광란적인 무대 매너를 선보였다. 물론, 골수 록 마니아들만 가득 들어찬 공연이었다.

### 펑크록의 대부, 자신을 돌이키다

본명은 제임스 뉴웰 오스터버그 주니어James Newell Osterberg, Jr, 1947년 미국 미시간 출생이다. 이기 팝이라는 이름은 무명 시절 드럼을 치던 밴드 '더 이구아나스 The Iguanas'에서 따왔다. 지인들 사이에선 짐 오스터버그라 불리기도 한다. 젊은 시절부터 헤로인 등 온갖 마약에 중독되어 사경을 헤맨 적도 있다. 그런 그를 꾸준히 도왔던 게 데이비드 보위다. 데이비드 보위는 2016년 사망했지만, 이기 팝은 아직 건재하다. 나이가 믿기지 않는 광란의 퍼포먼스도 여전하다. 영화에도 여러 번 출연한 배우이기도 한데, 짐 자무시와 절친이다. <김미 데인저>(2016)는 짐 자무시가 그와 인터뷰한 내용을 담은 다큐멘터리이다.

  이기 팝이 솔로 데뷔하기 이전을 주로 다룬다. 바로 더 스투지스The Stooges라는 밴드다. 짐 자무시가 프레임 바깥에서 질문을 하고 이기 팝을 비롯, 스투지스의 전 멤버들과 관련자가 화면에 등장해 인터뷰하는 형식이다. 기존 다큐멘터리들과 크게 다른 형식은 아니다. 짐 자무시는 이기 팝을 줄곧 짐이라 부르는데, 그게 약간 재미있다. 짐이 묻고 또 다른 짐이 대답하는 식인 거다. 짐 자무시는 이기 팝보다 6살 어리다. 그 역시 로큰롤 마니아라는 건 잘 알려진 사실이다. 둘 사이가 각별하다는 것도 알만한 사람들은 알 테다. 이 영화가 짐과 짐의 예술 마인드 합작으로 여겨지는 것도 그래서 무리는 아니다.

출연자들의 진술을 바탕으로 평이하게 흘러가지만, 짐 자무시의 특장이 드러나는 장면이 곳곳에 묻어 있다. 이기 팝이 어렸을 때를 회상하는 장면에서 특히 그러하다. 실제 이기의 어렸을 적 사진들과 당시 유행하던 영화나 TV 시리즈 장면들이 몽타주 되어 리드미컬한 '실증' 작용을 한다. 거기에 이기와 친구들의 당시 모습을 애니메이션으로 처리한 장면들도 여러 차례 등장한다. 고전 영화에 해박한 짐 자무시의 성향이 자연스럽게 발휘되는 장면들이라 할 수 있다. 그러면서 이기 팝이 성장하던 시절 미국의 사회상들이 뉴스 보도 등을 통해 인용된다. 문화가 어떤 식으로 사회의 영향을 받고, 다시 사회가 어떤 문화적 변화 속에서 역동적으로 전개되는지 단순 명확하게 파악할 수 있는 요소들이다.

### 반항아들마저 길들이는 자본주의 마력

이기 팝이 처음 음악 활동을 시작한 건 10대 시절인 1960년대 중반부터다. 당시 미국 사회는 베트남전과 매카시즘 등 갖가지 정치적 병폐에 시달리던 때였다. 새로운 세상을 꿈꾸던 젊은이들의 시위가 끊이지 않았다. 록 음악이 그러한 사회적 분위기에서 꽃을 피우기 시작했다는 건 익히 알려진 사실이다. 잭 케루악이나 앨런 긴즈버그 등 비트 문학가들이 젊은이들의 우상이 되었고, 마약을 통해 의식 개혁을 탐구하는 게 일상이 되었다. 서양 자본주의의 토대를 뒤흔들어 새로운 세상을 꿈꾸는 일환이었는데, 결과적으론 그게 다시 미국식 엔터테인먼트 산업의 마수에 흡수되어 1980년대엔 숫제 모든 문화 활동이 흥청망청 소구되는 소비재로 전락한다. 히피가 머리 자르고 여피가 되어버리는 일들이 월스트리트를 중심으로 비일비재해진다.

저항은 곧 순응이 되고, 순응은 곧 체제 유지의 동력이 된다. 자본주의는 그런 방식으로 전 세계를 지배했다. 신자유주의 체제가 굳건해진 지금에 와서는 별스럽지도 않고, 새삼 분개할 일도 아니다. 모든 문화적 아이템은 거대 백화점에 대롱대롱 매달린 장식품처럼 일회적으로 소비되기만 할 뿐, 어떤 별다른 사회적 문제의식이나 도전정신 따위는 땅을 파도(?) 잘 보이지 않는다.

소위 K컬쳐니 K팝이니 하는 홍보문구는 매우 놀라운 현상이기는 하다. 불과 30년 전에만 해도 빌보드 차트는 '불가능한 문화의 성전'인 양 추앙되었다. 그런데 지금은 K팝이 그 무대의 최전선에서 주가를 올리고 있다. 세계 문화의 중심에서 모든 음악이 K팝의 설정과 모티프에 열광하면서 모방에 열중이다. 딱히 그 자체를 비판할 만한 사항은 아니다. 그러나 문화적 측면뿐 아니라 정치 경제 등 복합적인 구조를 생각할 땐 재고해야 할 부분이 많은 것도 사실이다.

 가장 먼저 짚어야 할 건 문화 산업의 일률적이고 독점적인 구조이다. 대개 거대 엔터테인먼트 기업들은 아이돌스타 하나에 목매달고 산다. 모든 시스템이 '그'를 중심으로 돌아가면서 주변에 수많은 사람이 그 주위에서 희생되거나 노역에 시달리거나 스스로를 낮추어야 한다. 자칫 '그'에게 문제가 발생하거나 또는 '그'가 문제를 일으키면 회사 전체가 흔들린다. 아주아주 불안하고 위태로운 '신전' 쌓기라 할 수 있다. 그 와중에 그 '신전' 이외 다른 문화적 형식이나 분위기는 자본의 무관심 아래 짓눌려 겨우 연명하거나 몰살당한다. <김미 데인저>를 보면서 곱씹게 되는 작금의 상황이 쓸쓸하게 다가왔던 건 그런 까닭이다.

## 그는 왜 스스로 위험을 자초했나

'Give me Danger'. 스투지스의 노래 제목이다. 아주 도발적이고 자극적인 제목이다. 곡 스타일도 그렇다. 스투지스 시절 이기 팝의 보컬은 사람의 신경을 거스르게 하는 특징이 있다. 야비하고 처절하고 반항적인 감정이 잔뜩 담겨있다. 숫제 빈정거리는 듯한 느낌을 줄 때도 있다. 소리를 마구 질러댔다가 아주 음울하게 목소리를 깔고 허무하고 무기력한 내용의 가사를 읊조리기도 한다. 무대 매너 또한 그러하다. 반라 상태로 자해를 하는가 하면, 대놓고 음란한 포즈를 취하기도 한다. 관객 속으로 다이빙하는 소위 '크라우드 서핑'을 처음 시도한 게 이기 팝이다. 그러다 코피가 터지고 치아와 뼈가 부러지기도 했다. 말 그대로 'Dangerous' 그 자체라 아니 할 수 없다. 여든을 코앞에 둔 지금은 약간 온화해졌으나, 에너지만큼은 젊은 시절과 크게 다르지 않다. 그는 왜 그토록 '위험'을 자초했을까.

사람에게는 오욕칠정이 있다. 그것들이 순환하면서 자주 시련을 겪으며 아주 가끔 '행복'을 맛본다. 그런데 기쁨과 행복은 일회적인 동시에 일차적이다. 좋은 일이 생기면 잠깐 기쁘지만, 결국 또 다른 불안과 두려움, 슬픔과 분노에 사로잡히게 된다. 기쁨은 별다른 흔적을 남기지 않지만, 불안 등 부정적인 감정들은 오래도록 지워지지 않는 상처로 남는 경우가 많다. 그래서 또 행복을 좇게 되지만, 그 과정 자체가 또 다른 불행의 굴레로 작용한다. 그게 임계점에 달했을 때 모종의 분노가 폭력적으로 발산한다. 세상에 존재하는 모든 축제가 그것의 안전핀이다. 내면의 불덩이와 오물들을 토해냄으로써 몸과 정신을 청소하는 것. 70여 년 동안 록 음악은 그런 역할

을 해왔다. 그러다 결국 자본이 먹이가 되었고, 지금은
거의 멸종 직전의 공룡이 되어버렸다.


　해소되지 않는 욕망과 불안, 그 양 극점에서 사람은 미
친다. 미친 사람은 아무렇게나 말하고 자기 멋대로 타인
혹은 세계를 재단해 그 어떤 위험도 서슴지 않는다. 그러
한 내면적 충동과 광기를 돌보라고 무대가 존재한다. 무
대는 '쇼'를 전제로 하는 공간이다. 그 안에선 모든 게 가
능한 동시에 모든 게 허구이자 모든 게 감동의 조건을 전
제한다. 그러한 무대가 점점 사라지고 있다. 무대가 사라
지니 어떤 믿기지 않는 실재가 쇼처럼 발생한다. 권력을
움켜쥔 자가 편향된 망상과 피해의식에 절어 군사를 함
부로 동원하는 일도, 한순간 잘못을 저지른 여배우가 불
특정 다수의 인신공격에 시달리다 스스로 목숨을 끊는
일도 실재와 쇼, 허구와 사실을 분간하지 못한 뭇 대중들
의 골방 놀이에서 비롯한다는 점에서 크게 다르지 않다.


이 세계는 조만간 자폭할 것이다!


　페드로 알모도바르는 1990년대에 이미 "현실은 포르
노를 모방한다"라고 일갈한 적 있다. 프랑스의 사회학자
장 보드리야르는 1980년대에 이미 "세상 자체가 디즈니
랜드라는 사실을 감추기 위해 디즈니랜드가 실재한다"

라고 진단했다. 현실에서 일어나는 모든 일들이 웬만한 드라마나 영화보다 훨씬 흥미롭고 요란해졌다는 것 또한 새삼 언급하는 게 고루할 정도다. 억눌린 본능과 그것을 통제하려 드는 대중의 도덕관념이 충돌할 때 세상은 끝없는 내상內傷에 시달리기 마련. 지금은 그게 폭발 직전까지 다다른 느낌이다.

도저히 그 어떤 영화도 집중해서 볼 수 없을 만큼 내적 열기와 호기심을 실재의 복마전에 모두 빼앗기고 말았다는 허탈감이 요즘 상당하다. 누구도 다치게 하지 않는 무대에서 그 모든 상처와 분노를 끌어안은 채 뛰어내리고 싶은 심정. 공룡의 유일한 후손이라는 이구아나처럼 요리조리 몸을 비틀고 춤추면서. 그 모든 모욕과 환희를 인간의 가장 첨예한 본성이라 소리치면서.

**김미 데인저** Gimme Danger 2016/18/1h 48m
**Director** Jim Jarmusch
**Writer** Jim Jarmusch
**Stars** Iggy Pop·Jim Jarmusch·Bob Waller